KOWALSKI

Gino & Michele
Paolo Borraccetti

LE CICALE 2010

Le cicale 2010

Autori:
Gino & Michele, Paolo Borraccetti

Socio Unico Giangiacomo Feltrinelli Editore s.r.l.
Via Natale Battaglia 12, 20127 Milano (Italia)
Telefono: 02 289981 – Fax: 02 28998327
email: info@kowalskieditore.it – www.kowalski.it

ISBN 978-88-7496-759-9

Impostazione grafica e progetto della copertina:
segnoruvido.comunicazionivisive

Finito di stampare nel mese di ottobre 2009
presso Grafica Sipiel – Milano

Nelle *Cicale 2008* ci siamo fermati alla battuta 2470.
Si riparte con la battuta 2471…

2471. L'*Avvenire* attacca il premier. Non c'è più religione: i Vescovi contro il Papi!

Vauro

2472. La sinistra è un male che solo la presenza della destra rende sopportabile.

Massimo D'Alema

2473. Non si può essere reazionari perché non c'è dove tornare. Non si può essere progressisti perché non c'è dove andare.

Manlio Sgalambro

2474. Una recente statistica ha dimostrato quali sono le parole più cercate su Google. La prima: "cazzo"; la seconda: "perché"; la terza: "Silvio"!

Giovanna Donini

2475. Vi siete mai chiesti perché la Coca Cola Light ha una sola caloria? Se riescono a togliere tutte le altre, com'è che non riescono a tirar via proprio quella caloria lì? Poi, come fanno a sapere che sia lì dentro? Magari in una confezione da sei c'è una lattina che le ha tutte. Forse ci sono milioni di lattine senza calorie, e una grassa lattina enorme e assassina che va in giro a terrorizzare gli assetati.

Richard Jeni

2476. Studente – Il cervello... Dunque, nel cervello ci sono due crepe...
Prof – Magari nel tuo!

Smemoranda Brothers & Sisters

2477. Sei così zoccola che le foto della Prima Comunione te le ha fatte Corona!

Riccardo Piferi

2478. Alla domenica, peggio dei testimoni di Geova, c'è solo l'Ikea. L'altra domenica mi hanno citofonato alle sette della mattina: "Buongiorno, siamo i testimoni di Geova". "E cosa volete?" "Niente, noi si va all'Ikea, le va di venire?"

Carlo Turati

2479. Continua il dibattito sulla volgarità della satira. Dopo la presentazione di *Natale in crociera*, numerosi i politici che hanno portato il film come modello per i nuovi attori: "Questo film? Un esempio perfetto di come si possa essere volgari senza dover necessariamente scadere nella satira".

Marco Vicari

2480. Si drogava così tanto che Bob Marley aveva il suo poster in camera.

Ora Pro Nobis

2481. Il miglior tentativo di spaccio di cocaina di cui so qualcosa è stato nei primi anni Ottanta, quando uno spacciatore mi ha inseguito per la strada dicendomi: "Ho della roba fantastica, è la stessa che ha ucciso John Belushi".

Denis Leary

2482. Paolo Maldini è stato trovato positivo al brodo di pollo.

Gene Gnocchi

2483. Lo stilista Giorgio Armani ha confessato la settimana scorsa di aver dato mazzette alla Guardia di Finanza. È stato condannato a sei mesi, in cui deve indossare scarpe marroni con un vestito blu.

Norm MacDonald,
Weekend Update, Saturday Night Live

2484. L'economia è in un pessimo stato. Oggi ho visto una donna a Beverly Hills che puliva casa sua!

Jay Leno

2485. Il Tesoro non fa che ripetere che il sistema bancario italiano non fallirà. E il mio direttore di banca, di cui mi fido, me lo conferma ogni sera nel locale dove ha iniziato da poco a fare piano bar.

Antonio De Luca

2486. Abbiamo in anteprima esclusiva il documento della divisione dei beni tra Veronica Lario e Silvio Berlusconi. A Veronica rimane l'Umbria, il Regno delle Due Sicilie e un terzo continente a scelta. Inoltre a lei va la custodia del trofeo Mitropa Cup, dei Telegatti e dell'opera omnia di Apicella. Sandro Bondi verrà affidato a Veronica, con la possibilità di visita da parte di Silvio ogni due weekend. A Silvio rimane quel poco che resta. Ma si sa, nelle separazioni sono sempre gli uomini ad avere la peggio.

Fiorello

2487. Tre quarti delle menzogne che *la Repubblica* scrive su Berlusconi sono vere.

Gino & Michele

2488. Problemi fiscali per Valentino Rossi. Ha vinto cento gran premi, ma ne ha denunciati solo settanta.

Gene Gnocchi

2489. Fin da piccolo volevo diventare un emulo di Elton John, Freddie Mercury e di George Michael e alla fine ci sono riuscito. Adesso devo solo imparare a cantare.

Carmelo Lipari

2490. Ti sei schiacciato i brufoli o sei stato coinvolto in una sparatoria?

Paolo Burini

2491. Usava un sacco di vitamine per il fegato. Due giorni dopo la sua morte, hanno dovuto strangolarglielo.

Milton Berle

2492. Giro il mondo. Sono stato ai Caraibi, in Giamaica, in Messico… La gente è splendida, le spiagge sono splendide, ci si abbronza e – lasciate che ve lo dica – quella diarrea non puoi avercela, se stai a casa tua. Quella non è una diarrea comune. Quello è un germe che ti risale per il culo con un sombrero e un paio di colt a sei colpi.

Richard Jeni

2493. La cosa peggiore che possa capitare a un telegrafista è di abitare nell'appartamento sottostante a quello di un ballerino di tip tap.

Carlo Squillante

2494. Si dice che la lap dance rassoda e sviluppa glutei, addominali e avambracci. Questi ultimi vengono sviluppati molto anche a casa di quello che ha visto una patacca stellare ballare attaccata al palo!

Giuseppe Giacobazzi

2495. È incredibile quanto l'e-mail ci abbia cambiato la vita. Recentemente avete ricevuto una lettera scritta a mano nella posta? "Cos'è 'sta roba? È stato rapito qualcuno?"

Jim Gaffigan

2496. Il computer è straordinario, perché non ci serve solo a memorizzare: ci serve anche a scrivere cose. C'è un programma per scrivere facile fatto apposta che si chiama Word, che è proprio un gioco da ragazzini, da children. Lo dice anche la canzone: "We are the word, we are the children".

Enrico Brignano

2497. Siamo schiavi dell'informazione superficiale. Tutti ti dicono quanto siano facili le truffe online, ma nessuno che ti spiega come farle.

Teo Guadalupi

2498. La Apple ha lanciato da poco l'iPhone, che è una combinazione di un iPod e un telefono. La Microsoft cerca di raggiungere la Apple, ma non ce la fa mai. Per esempio, per contrastare l'iPhone, la Microsoft ha tirato fuori questa combinazione tra telefono e ferro da stiro, ma non funziona: "Pronto? Aaahhh!! Come stai? Aaahhh!! Aspetta, ho un'altra chiamata. Aaahhh!!"

Craig Ferguson

2499. Vorrei avere un crocifisso di kryptonite, così terrei lontani sia Dracula sia Superman.

Jack Handey

2500. Non sopporto il fatto che certa gente ti debba sbattere in faccia la propria religione ovunque vada. Quello che chiedo è semplicemente: "Riesce uno a restare le tre ore della durata del mio volo senza il turbante?" Voglio dire, io sono cristiano, eppure non mi vedrete mai entrare in un aereo legato a un crocifisso di legno. Anche se ne avrei titolo. Ma non lo faccio, perché faticherebbe a passare tra i sedili.

Richard Jeni

2501. E quando lei: "Ma teeee... guarda qua: ma ci sarà una soluzione per tutta questa cellulite?" Lui: "Prova con Photoshop!"

Stefano Bellani e Antonio De Luca

2502. Mourinho: "Se vinciamo il campionato, voglio che Adriano partecipi ai festeggiamenti. Sennò la gnocca chi la porta?"

Gene Gnocchi

2503. L'industria del porno ha chiesto aiuto al Governo americano in tempi di crisi. Forse Obama ha trovato un posto nel suo Governo anche per Bill Clinton.

Jay Leno

2504. L'effeminatezza è un'arte, la mascolinità è e sarà sempre solo artigianato.

Alessandro Fullin

2505. L'unico culo che ho avuto io nella vita è stato mio figlio.

Viviana Porro

2506. Obama aveva promesso alle figlie un cagnolino. Bene, ora è finalmente arrivato Bo. Mi piace l'idea che ci sia un cane alla Casa Bianca. Nessuno leccava più il presidente da sotto la scrivania dai tempi di...

David Letterman

2507. Governo Berlusconi: a tutti gli anziani verrà data una tessera con quattrocento euro. Da spendere alla Mondadori.

Mario Angioni

2508. Quando Prodi ha lasciato la politica dicendo che da allora in poi avrebbe fatto solo il nonno, i suoi nipoti hanno fatto una conferenza stampa dicendo: "Calma, lui non è nostro nonno; ci sono stati dei brogli, bisogna ricontare i parenti".

Bruce Ketta

2509. Da piccolo ero un po' sadico. Facevo cose un po' stupide. Non so, ad esempio catturavo un camaleonte e lo mettevo sopra una stampa di Pollock.

Mirco Zilio

2510. Questo è un falso, oppure un originale maledettamente ben fatto.

Frank Sullivan

2511. Tutti i duri hanno un lato morbido. Io no.

Clint Eastwood

2512. Una volta confidai a John Ford che avevo deciso di regalare un libro a John Wayne per il suo compleanno. E Ford mi disse: "Ce l'ha già!"

Peter Bogdanovich (*Chi c'è in quel film?*)

2513. Era così vecchio che aveva le impronte analogiche.

Massimiliano Vaccargiu

2514. Mia cugina fa la cubista in discoteca al Giambellino. Le hanno messo così tante mani sul culo che la scientifica la usa come banca dati per le impronte digitali.

Alessandro Brunello

2515. Quando ero all'università, avevo una fidanzata hippie. Mi diceva: "Quando facciamo l'amore, non c'è un io e non c'è un tu. Ci siamo noi, siamo un essere unico". Le ho risposto: "D'accordo, allora cominciamo a prestare attenzione al *nostro* uccello".

Bill Maher

2516. Amo New York, è così multiculturale. E mi piacerebbe tanto appartenere a un gruppo etnico. Infatti, se sei un ispanico e ti incazzi, la gente dice: "Ha un temperamento latino". Ma se invece sei un bianco e ti incazzi, la gente dice: "È un grandissimo stronzo".

Jim Gaffigan

2517. Un uomo, quando è fuori con una donna per un appuntamento romantico, si domanda se sarà fortunato. La donna lo sa già.

Monica Piper

2518. Amo gli uomini che si comportano da uomini: forti e infantili.

Françoise Sagan

2519. Le donne hanno un vantaggio sleale sugli uomini: quello che non riescono a ottenere facendo le furbe, l'ottengono facendo le tonte.

Yul Brynner

2520. Mia madre era fissata col pezzo di carta. Mi diceva sempre: "Figlio mio, al giorno d'oggi non vai da nessuna parte senza un certificato di invalidità".

Bruce Ketta

2521. Los Angeles è così devota alle celebrità che c'è un ristorante che serve solo Jack Nicholson. E, quando arriva, lo fanno aspettare dieci minuti per avere un tavolo.

Bill Maher

2522. Quando decisi di lasciare Claudia Schiffer non le dissi niente, non una parola, non una lettera. Io sono fatto così, anche quando ci fidanzammo non glielo feci sapere.

Giovanni Soriano

2523. "Ecco la mia bella casa, la mia cucina, il salotto dove ricevo gli amici. Ecco il mio letto con mia moglie dentro." "E il giovane che è a letto con lei?" "Sono io quando non ci sono."

Jean Nohain

2524. Gli ebrei e i neri hanno lo stesso passato: duemila anni di soprusi subìti. Tuttavia esprimiamo le nostre pene in modo diverso. I neri hanno inventato il blues. Gli ebrei si lamentano, ma senza musica.

Jon Stewart

2525. La popolarità del governatore della California Arnold Schwarzenegger è in caduta libera negli ultimi mesi, soprattutto da quando la gente si è pian piano resa conto di aver eletto Arnold Schwarzenegger come governatore.

Tina Fey

2526. Il governatore della Virginia ha firmato una nuova legge che vieta il fumo nei ristoranti e nei bar. In Virginia! Cioè lo stato dove si produce più tabacco. È come se il governatore della California vietasse alle donne di rifarsi il seno.

Jay Leno

2527. Verso i dodici anni sembrava che il seno mi stesse crescendo, c'era un certo movimento tettonico; mia madre mi diceva: ti verranno come quelle della zia Maria a forma di mela o come la zia Rosa a forma di pera. Alla fine mi sono venute come quelle della zia Pia: a forma d'uvetta sultanina.

Teresa Mannino

2528. Da bambini, al paese, io e una mia vicina d'estate andavamo nella vigna a rubare le pesche, e ce ne riempivamo la camicia. Sempre, a ogni estate. Intanto gli anni passavano e, a un certo punto, io mi accorsi che nella sua camicia di pesche ce ne stavano sempre di meno. Così le dissi: "Basta, non ti porto più, mi fai solo perdere tempo". Lei pianse, si disperò, ma io fui irremovibile. Quando uno nasce stronzo...

Romano Bertola

2529. Provate tutto almeno una volta, eccetto l'incesto e le danze folkloristiche.

Thomas Beecham

2530. Un jazzista muore e va in Paradiso. Appena arriva gli dicono: "Ehi, benvenuto. Sei stato scelto per la Jazz All-Stars del Paradiso. Suonerai con Satchmo, Miles Davis, Django, tutti i più grandi. Stasera abbiamo un concerto ma c'è un problema... la ragazza di Dio deve cantare".

Citata da Andrea Conti

2531. Nel giorno del giudizio Dio ci sarà e sarà vestito da Yves Saint Laurent.

Alessandro Fullin

2532. Il lusso è una necessità che nasce dove finisce la necessità.

Coco Chanel

2533. È stata una cena elegantissima: caviale, champagne e prosciutto di Prada!

Raul Cremona

2534. Ralph Lauren sta per lanciare una linea di maglioni di cachemire per bambino da 350 dollari l'uno, fatti su misura affinché la gente del Medioriente possa ricordarsi perché ci odia.

Conan O'Brien

2535. Fausto Bertinotti si è sempre schierato col Pakistan solo per difendere il Cachemire.

Enrico Bertolino

2536. È il Papa a decidere chi diventa santo. Bisogna aver fatto tre miracoli per diventare santi. Il mondo deve essere pieno di persone straordinarie, con soli due miracoli all'attivo, che si stanno sbattendo per cercare quell'ultima azione miracolosa. Tipo: "Vostra Papità, ho qui per voi un grande miracolo, fantastico. Ora pescate una carta, e non fatemela vedere..."

Eddie Izzard

2537. Nessuno, nei secoli, aveva mai fatto arrabbiare il Vaticano come la Rosy Bindi con quella storia dei Dico, nemmeno l'arcivescovo Milingo quando si è sposato con la coreana! Perché Milingo lo hanno scomunicato dopo, per aver ordinato vescovi quattro sacerdoti sposati, ma per il fatto di aver preso moglie lo avevano perdonato. Vi sembra giusto? L'arcivescovo Milingo si fa una trombatina e lo perdonano, la Rosy Bindi, che non se n'è mai fatta nessuna in vita sua, è diventata il demonio in persona. Questo è maschilismo bello e buono!

Paolo Hendel

2538. Perse la verginità all'età di trent'anni. Quando il suo imene si staccò, volò via come un tappo di champagne.

Paolo Burini

2539. Tutto si è perfezionato da Omero in poi, ma non la poesia.

Giacomo Leopardi

2540. Prof – *Il naufragar m'è dolce in questo mar*... di chi è questa poesia?
Studente – Di Leopardi.
Prof – E in quale mare è naufragato Leopardi?
Studente – Nell'Adriatico.

Smemoranda Brothers & Sisters

2541. Io per l'Italia ho in mente una sola grande opera: prosciugare lo Ionio! Leviamo l'acqua così dall'altra parte ci vanno a piedi e non rompono più i coglioni con 'sto ponte!

Notaio Raimondo (Marco Marzocca)

2542. Secondo me in Afghanistan ci odiano per l'architettura: ogni volta che vedo un'immagine da laggiù, sono le ultime quattro mura rimaste in piedi di tutto il Paese, con portoni marcescenti alla Dirk Diggler. Allo stesso modo, loro vedono i nostri muri, e ogni muro che abbiamo ha un bancomat dentro. I nostri muri letteralmente cagano soldi.

Dennis Miller

2543. Si può resistere all'invasione degli eserciti; non si resiste all'invasione delle idee.

Victor Hugo

2544. Una rivolta, in fondo, è il linguaggio di chi non viene ascoltato.

Martin Luther King

2545. Ho smesso di fumare da qualche mese. Sono felice perché respiro meglio e sento molto di più odori e profumi. Ieri sono andato a fare una passeggiata in campagna e ho trovato due tartufi.

Federico Basso

2546. Ho cercato di smettere di fumare erba ma è veramente dura. È più facile diventare vegetariani che smettere di fumare marijuana, perché in genere gli amici non si presentano mai in casa tua con un sacchettino di carne macinata.

Brian Posehn

2547. Detesto quelli che non mi stanno sulle palle. Ma chi si credono di essere?

Michele Leoni

2548. Ogni mattina, quando mi sveglio, sperimento un incredibile piacere: quello di essere Salvador Dalì.

Salvador Dalì

2549. E chi se frega se la masturbazione fa diventare ciechi. Tanto me lo trovo lo stesso.

Franco Kappa

2550. "Ti leggo la mano... Ah, vedo un'annata molto intensa da un punto di vista sessuale." "Ah sì? E con chi?" "Mah, io qui vedo solo la mano..."

Renato Trinca

2551. Cosa accomuna i direttori d'orchestra e i preservativi? Senza è più rischioso, ma è più divertente.

Citata da Andrea Conti

2552. Tutti parlano dell'industria dell'auto americana di questi tempi. Un nuovo studio dice che è la Ford a costruire le macchine con il più alto tasso di sicurezza. Già, sembra che le Ford siano così sicure perché non escono mai dal concessionario.

Conan O'Brien

2553. Pinodeipalazzi ha un motorino così lento che lo sorpassano anche gli alberi.

Giancarlo Kalabrugovic,
Carlo Turati e Alessio Tagliento

2554. Ho sposato tua madre perché volevo un figlio. Immaginati come ci sono rimasto male quando sei nato tu.

Zeppo & Groucho Marx
(*Horse Feathers – I fratelli Marx al college*)

2555. Prima di sposarmi non avevo fatto i conti con un dettaglio: mio cognato. Oggi mi ha chiesto: "Mi presti mille dollari fino al giorno di paga?" Gli ho risposto: "Quand'è il giorno di paga?" E lui: "Che ne so? Sei tu che lavori!"

David Letterman

2556. Proibire la marijuana? Ma piantatela!

Gruppo di Facebook

2557. Ai miei tempi, le principali preoccupazioni degli studenti universitari erano: fare sesso, fumare erba, prendere parte alle rivolte, e imparare. Si imparava quando le altre tre cose non erano possibili.

Bill Bryson

2558. Non tutti sanno che, quando Socrate si recò dall'Oracolo di Delfi per interrogarlo su chi fosse il più sapiente tra gli uomini, l'Oracolo rispose "Biancaneve".

Francesco Vespa

2559. Seppellitemi vicino all'ippodromo, così che possa sentire l'ebbrezza della volata finale.

Charles Bukowski (*A sud di nessun nord*)

2560. Che razza di profumi si mettono gli uomini? Perché pensano che alle donne piaccia l'odore di sella, oppure di resina di pino? Cosa credono? Se un uomo vuole che io lo insegua per strada, dovrebbe spruzzarsi addosso qualcosa come "Biscottino dolce" o meglio ancora "Croissant".

Rita Rudner

2561. Perché la gente trema di paura se qualcuno entra in banca portando una custodia di viola? Perché pensano che là dentro stia portando una viola e che potrebbe suonarla.

Citata da Andrea Conti

2562. I matrimoni sono luoghi pericolosissimi! Non sai mai chi puoi avere accanto al tavolo! Andreste mai a cena con una psicopatica, una perfetta sconosciuta, una pazza che magari giorni dopo ve la ritrovate al portone di casa, con lo sguardo iniettato di sangue, che urla: "Fammi entrare!" Ecco, esperienza personale: mai andare ai matrimoni. Non sai mai chi puoi avere accanto al tavolo. Specie se sei lo sposo.

Marco Vicari

2563. I maschi non lasciano. Ci esercitiamo davanti allo specchio: "Ti lascio, ti lascio..." Poi arriviamo da lei: "Ti amo", regalo. Facciamo regali a donne che odiamo.

Daniele Raco

2564. Io credo nella coppia. Cambi tre carte e può sempre entrare un tris.

Furio Ombri

2565. Un giorno ero in un ristorante, e chi ti becco? Wim Wenders! E appena mi ha visto mi ha invitato al suo tavolo! Wim Wenders! Si è alzato, mi ha indicato il tavolo e mi ha detto: "Allora mi apparecchia o no?"

Marco Vicari

2566. Se sai fare le parole crociate, sai fare anche il regista.

Andy Warhol

2567. E quando lei: "Ma teeee... Se George Clooney si innamorasse di me, cosa penseresti?" Lui: "Eh, che a forza di Martini s'è rincoglionito".

Stefano Bellani e Antonio De Luca

2568. Gli attori conquistano i cuori senza dare il loro in cambio, truffando con grazia.

Johann Wolfgang Goethe

2569. Con la mia vicina di casa l'8 marzo sono andata a vedere i California Dream Men. Avete presente quali sono? Quei ragazzoni alti, belli, muscolosi, nerboruti, ben torniti, che ballano e si spogliano e stan lì a sventolarti sotto il naso il triangolino... triangolino... triangolone! Durante lo spettacolo, vedendo quei maschioni, ho pensato a casa mia... a mio marito e mi son detta: "Guarda come si è evoluta la razza umana negli ultimi vent'anni!"

Claudia Penoni

2570. "Sai che ieri sera mi è successa una cosa incredibile: ho caricato in auto una donna meravigliosa, l'ho portata in albergo; poi, quando si è spogliata, mi sono accorto che era un uomo!" "E cosa hai fatto?" "E cosa ho fatto... beh, il suo era più grosso, abbiamo fatto col suo!"

Citata da Giancarlo Gabrieli

2571. Vi immaginate se Adamo fosse stato nero? Tanto per cominciare, non credo che una foglia di fico sarebbe bastata.

Marco De Carli

2572. La donna, nel Paradiso Terrestre, ha morso il frutto dell'albero della conoscenza dieci minuti prima dell'uomo: da allora ha sempre conservato quei dieci minuti di vantaggio.

Alphonse Karr

2573. "Non sono narcisista, né egoista. Se fossi vissuto nell'antica Grecia non sarei stato Narciso." "E chi saresti stato?" "Giove."

Woody Allen

2574. Se Dio esiste, chi è? Se non esiste, chi siamo?

Gesualdo Bufalino

2575. Sono stato un bambino molto cattivo. Violentavo preti cattolici.

Paolo Burini

2576. Prof – Perché si fanno gli innesti?
Studente – Per migliorare la qualità...
Prof – Sì, per migliorare la qualità dei bastoni da spaccarti sulla schiena!

Smemoranda Brothers & Sisters

2577. Aveva una cultura sterminata che mi metteva soggezione. Fu lei a rivelarmi che Joyce non era una scrittrice. E soprattutto che Kierkegaard non è il comandante dell'astronave Enterprise.

Daniele Luttazzi

2578. Oggi Ratzinger si è scagliato contro la diffusione della ruota: danneggerebbe l'uso della portantina.

Marco Vicari

2579. Gli apostoli diventano rari; oggi tutti sono padreterni.

Alphonse Karr

2580. Due ebrei, tre opinioni.

Proverbio ebreo

2581. Ho una teoria: che Osama Bin Laden si stia nascondendo in Nebraska, e che dovremmo bombardare lì... Del resto, se sbagliassimo, cosa perderemmo?

Jackie Kashian

2582. Camminavo attraverso i boschi pensando a Cristo. Se era falegname, mi chiedevo, a quanto metteva gli scaffali?

Woody Allen (*Amore e guerra*)

2583. Aveva un vizio: andava sempre a puttane. La prima notte di nozze, per l'abitudine, lasciò cento euro sul comodino.

Gianni Astone

2584. Cos'è quella cosa che le donne hanno una volta al mese e gli dura cinque giorni? Lo stipendio del marito.

Bruce Ketta

2585. AAA Vendo stampante manuale, perfetta. Marca Bic.

Mauroemme

2586. L'altro giorno mi ha suonato il campanello Paolo Bonolis, ma io non l'ho fatto entrare perché al citofono mi ha detto: "Scavicchi, ma non apra!"

Marco Del Conte

2587. I Palazzi sono un posto dove abitano delle persone che possiedono delle autoradio che di solito non sono loro.

Giancarlo Kalabrugovic

2588. Giù al Sud vedi le famiglie che girano in quattro in motorino: il papà, il figlio, la figlia e la mamma. Una volta ne ho visti cinque sul motorino. Gli ho chiesto, a quello che guidava: "Come mai siete in cinque?" Mi ha risposto il secondo: "No, lui non è della famiglia: lui è il ladro che c'ha fregato il motorino e non c'ha dato il tempo di scendere!"

Pino Campagna

2589. Adoro le ragazze liceali. Io invecchio, loro rimangono sempre della stessa età.

Matthew McConaughey (*La vita è un sogno*)

2590. Quando dico Lui, mi riferisco a Lui, non c'è bisogno del nome. Il padre è Lui, il figlio PierLui!

Fiorello

2591. Berlusconi: un quasi bisnonno che non accetta l'idea di invecchiare.

Gino & Michele

2592. Detesto e trovo molto meschini tutti quelli che agiscono solo per soldi, dimenticandosi invece quanto sia importante la figa.

Teo Guadalupi

2593. Il manager di Adriano: "Resterà in Brasile. Il Carnevale di Rio è disposto a proporgli un biennale".

Gene Gnocchi

2594. Dio fu un errore. Ma è difficile stabilire se fu commesso troppo presto o troppo tardi.

Elias Canetti

2595. Dio è stato il primo designer.

Alessandro Fullin

2596. È ufficiale: sono grasso. Ho le tette. Stavo cenando con un mio amico e l'ho beccato che me le fissava.

Robert Kelly

2597. La mia fidanzata mi chiama topolino. Topolino cosa? Peso 92 chili e 800 grammi. Anche eliminando i 92 chili, direi che come topo sono comunque grasso.

Daniele Raco

2598. Per noi uomini non sono importanti solo le misure: abbiamo capito che è fondamentale la durata del rapporto sessuale. Io duro venti centimetri.

Marzio Gobbi

2599. A Milano sono sempre tutti di fretta; lo si capisce dell'atteggiamento nei confronti del pedone. Per i milanesi il pedone non dovrebbe esistere: gli dai fastidio, perché li rallenti. Quando attraversi devi essere veloce tipo Fiona May, la mamma di Larissa!

Teresa Mannino

2600. Sulle autostrade, in agosto, sono tutte giornate col bollino: e bollino giallo e bollino rosso; da quest'anno addirittura bollino nero. Non sanno più cosa inventarsi per terrorizzarci. L'anno prossimo faranno direttamente un bollino con il teschio, le ossa incrociate e la scritta: "Vuoi partire? Sono cazzi tuoi!"

Gioele Dix

2601. Il Sole si rimpicciolisce di un metro e mezzo ogni ora. Un giorno sarà bruciato del tutto, e vi sentirete dei cretini ad aver comperato, per non scottarvi, tutte quelle creme con i filtri solari.

David Letterman

2602. L'altra mattina il mio caporeparto mi fa: "Come mai ieri non sei venuto a lavorare?" "È perché hanno cremato mia suocera." "Mi dispiace, e come è morta?" "Durante la cremazione."

Bruce Ketta

2603. Il suo pube era talmente frequentato che avrebbe tranquillamente potuto chiamarsi pub.

Gianluca Caffarena

2604. Per l'uomo l'importante nell'andare con una donna non è l'atto fisico, ma poter andare al bar a raccontarlo agli amici. Tant'è che la maggior parte degli uomini con le donne neanche ci va, va direttamente al bar a raccontarlo agli amici.

Sergio Sgrilli

2605. In un piccolo paese l'unica cosa che davvero ti serve è un bar. Giochi la schedina, ricarichi il cellulare, ti ubriachi, leggi il giornale... un mio amico ci si è anche sposato, e mio cugino Pinzone ha conseguito una laurea in medicina, firmata dal Baffone della Moretti e valida legalmente in tutta l'America Latina.

Alessandro Brunello

2606. Un uomo entra in un'agenzia di vaudeville e dice: "Ehi, sentite che atto unico ho per voi! Io e mia moglie entriamo in scena, ci spogliamo, caghiamo sul palco; entrano i miei due figli e ci si tuffano dentro". L'agente, allibito, chiede: "Come si chiama, un atto del genere?" E il tizio: "Gli Aristocratici!"

The Aristocrats, storica barzelletta

2607. Dopo mesi di esercitazioni in territorio desertico, una pattuglia dell'Onu, composta da un americano, un francese e un italiano, si sta inerpicando su un sentiero roccioso preceduta da una mula dal florido posteriore. L'americano, tra sé, fa: "Fosse Marilyn Monroe..." Il francese: "Fosse Brigitte Bardot..." L'italiano, per ultimo: "Fosse buio..."

Citata da Giampiero Casoni

2608. Un contrabbassista arriva con qualche minuto di ritardo alla prova del *Messia* di Händel, in vista dell'esecuzione che si tiene tutti gli anni presso la Società Corale. Prende strumento e arco, e guarda il direttore, che gli chiede: "Vuoi un minuto per accordare?" Sorpreso, il contrabbassista ribatte: "Perché? Non è lo stesso pezzo dell'anno scorso?"

Citata da Andrea Conti

2609. Amo andare a ballare la domenica sera. La gente è più trendy, la musica più cool e le donne più easy. Ho un unico problema: non conosco l'inglese, non so neanche che cavolo ho detto.

Sergio Sgrilli

2610. Le ballerine sono belle ragazze che si guadagnano il pane con le loro gambe. Spesso, però, si guadagnano molto di più. Tra una gamba e l'altra...

Giampiero Casoni

2611. E poi si dice che il seno bello sta in una coppa di champagne... il mio sta in un bicchierino di rosolio: lì è questione di gusto...

Teresa Mannino

2612. Ho fatto la doccia con il mio ragazzo. Donne: se vi fate la doccia con il vostro ragazzo, quando finalmente uscite, le vostre tette saranno davvero pulite e scintillanti.

Sarah Silverman

2613. Come definiresti qualcuno che frequenta dei musicisti? Un percussionista.

Citata da Andrea Conti

2614. I gay non saranno mai patriottici né potranno mai difendere il proprio Paese. Infatti l'esercito ha paura di quello che succederebbe se ci fossero dei gay arruolati. "Soldato, spara a quell'uomo!" "Non posso, è adorabile..."

Jon Stewart

2615. Il dentista è un prestigiatore che, dopo aver messo del metallo in bocca, ti tira fuori monete dalle tasche.

Ambrose Bierce

2616. A un colloquio di lavoro.
"Poiché lei ha intenzione di lavorare con noi, ma noi non la conosciamo, lei come si definirebbe?"
"Come la nebbia del mare."
"Capisco. Perché lei è un tipo misterioso?"
"No, perché prima delle dieci e mezzo, undici non mi alzo mai."

Luca Klobas

2617. Franz – Larry?
Ale – L'ho fatto fuori, l'ho cosparso con dieci litri di benzina e gli ho dato fuoco.
Franz – Ha detto qualcosa prima di morire?
Ale – "E i bollini?"

Ale e Franz

2618. Mourinho: "Dedico questo scudetto a tutti quelli che hanno creduto in me, ma lo dedico anche agli atei".

Gene Gnocchi

2619. Io: abbreviazione di Dio.

Alessandro Morandotti

2620. Siccome sono democratico, comando io.

Totò

2621. A volte ho la sensazione di essere solo al mondo. Altre volte lo so di sicuro.

Charles Bukowski (*Niente canzoni d'amore*)

2622. Non scopo da così tanto tempo che ieri sono stato contattato dal Wwf.

Francesco

2623. Non ho una fidanzata, ma a volte faccio finta. Sto nel mio appartamento tutto solo e urlo: "No! Non è quello che ho detto!!!"

Dave Attell

2624. Spero che la cosa non condizioni in futuro i nostri rapporti, ma lei mi sta sul cazzo.

Michele Leoni

2625. Elezioni europee: grande affermazione dei partiti xenofobi. "Dalle urne è uscita un'Europa più stronza." "Così finalmente anche noi italiani possiamo sentirci europei."

Vauro

2626. Non si mente mai così tanto come prima delle elezioni, durante la guerra e dopo la caccia.

Otto von Bismarck

2627. Oggi va di moda l'arredamento minimalista e ne ha risentito anche il Natale. Ho visto un presepe dove era già tanto che Gesù Bambino avesse la culla.

Giovanna Donini

2628. Perché quando qualcuno dice che ci sono miliardi di stelle nell'universo, ci crediamo, mentre quando qualcuno ci dice che c'è della pittura fresca, dobbiamo toccare per crederci?

Peter Kay

2629. Un architetto è una persona che disegna progetti sulla vostra casa e progetta disegni sul vostro denaro.

Ambrose Bierce

2630. Quando viaggio in macchina tengo sempre le quattro frecce lampeggianti accese, così in qualsiasi momento posso girare sia a destra che a sinistra.

Leonardo Manera

2631. "Vorrei un'automobile diversa dalle solite, che non inquini, con tanto spazio e che mi dia la sensazione di non guidare." "C'è già, si chiama autobus, pirla!"

Renato Trinca

2632. Abito in un paese che si chiama Passogatto. Quando sul TomTom digito il nome mi appare una schermata con scritto: "Sei sicuro?"

Giuseppe Giacobazzi

2633. "Perché i suonatori di cornamusa camminano mentre suonano?" "Per allontanarsi dal rumore."

Citata da Andrea Conti

2634. Non pensate male dei miei occhi perennemente arrossati. È colpa dello shampoo, lo shampoo alla marijuana.

Francesco Vespa

2635. È una gran cosa avere i capelli grigi. Chiedetelo a chi è calvo.

Rodney Dangerfield

2636. Franz – Hai lavato i capelli?
Ale – Perché, si vede?
Franz – Devi averli lasciati stesi fuori.

Ale e Franz

2637. "E il lavoro?" "Grazie a Dio, il lavoro non mi manca." "Ah, l'hai trovato allora?" "No, non mi manca nel senso che ci sto bene senza!"

Luca Klobas

2638. Ho un impegno talmente precario che, quando la mattina vado a lavorare, lascio la macchina parcheggiata con le quattro frecce.

Bruce Ketta e Francesco Friggione

2639. Se a Milano non hai da fare o non lavori, ti senti in colpa. Anche se dormi un po' di più al mattino, sembri un delinquente. A mio marito, se avesse abitato a Milano, avrebbero dato l'ergastolo.

Viviana Porro

2640. Operaio – Sono andato dal padrone e gli ho detto che non ce la facciamo ad andare avanti.
Moglie – E lui?
Operaio – Mi ha chiesto un prestito.

Vauro

2641. Comprate terreni: non ne fabbricano più.

Mark Twain

2642. Non sono uno che capisce molto di economia. Per esempio, mi aspettavo che la notizia che l'universo è infinito facesse crollare il prezzo delle case.

Teo Guadalupi

2643. L'altra sera sono andato in un supermercato aperto 24 ore. Quando sono arrivato, il tizio stava chiudendo la saracinesca. Gli ho detto: "Ehi, l'insegna dice aperto 24 ore". Ha risposto: "Sì, ma mica consecutive".

Steven Wright

2644. Sono in una foresta. Attorno a me è pieno di gente inesperta, con una motosega in mano, che urla: "Cadeeeee!". È l'ultima volta che vengo all'outlet dell'Ikea.

Marco Vicari

2645. Chi è che vuole fare un pompino al proprio marito? Puoi farlo a un ragazzo con cui esci da poco. E se è un tipo misterioso, glielo succhi e poi te ne vai a casa. Ma chi vuole succhiarlo a qualcuno e poi andarci all'Ikea per il resto della giornata?

Louis C.K.

2646. Ho reso felici un sacco di donne semplicemente standogli alla larga.

Teo Guadalupi

2647. Meno male che la Borsa chiude nei weekend. Dà la possibilità alle mie unghie di crescere.

Boris Makaresko

2648. Tremonti ha promesso la Robin Hood Tax con cui tasserà i petrolieri. Poi ha promesso la Cappuccetto Rosso Tax con cui tasserà i lupi. Poi ha promesso la Hansel e Gretel Tax con cui tasserà le case di marzapane. Poi la Peter Pan Tax: colpirà gli italiani che credono ancora alle favole.

Marco Vicari

2649. La politica è l'arte di impedire alla gente di occuparsi delle questioni che giustamente la riguardano.

Paul Valéry

2650. Non c'è l'inferno. Esiste solo la Francia.

Frank Zappa

2651. Secondo me Veltroni sostiene il presidenzialismo alla francese per un fraintendimento: non è che chi vince si tromba automaticamente Carla Bruni.

Franco Kappa

2652. Come dice la moglie di Fassino a letto: "Mi sto facendo le ossa".

Paolo Caiazzo

2653. Renato Brunetta a Venezia, sua città natale, era conosciuto da tutti prima ancora di fare politica: ogni volta che c'era l'acqua alta, tutti indossavano gli stivali di gomma, e lui i braccioli!

Luca Klobas

2654. Febbre suina. Il Governo rassicura: "Il Presidente del Consiglio sta benissimo".

Vauro

2655. C'è ancora della gente che è contro il porno! Beh, a loro dico: "Signori, quello che un uomo, una donna, un'altra donna con un pene e un nano fanno a un asino sono o non sono affari loro?"

Dave Attell

2656. Era l'unico uomo ad aver clonato la pecora Dolly col metodo tradizionale.

GPL

2657. Ho vissuto con una ragazza per un po'. Ma temevamo cose diverse. Un giorno le ho chiesto: "Cos'è che temi di più?" Mi ha risposto: "Temo che tu possa incontrare qualcun'altra, che mi possa lasciare e mi ritroverei da sola". Poi lei mi ha chiesto: "Invece tu, di cosa hai paura più di tutto?" "Degli orsi."

Mike Birbiglia

2658. "Vorrei regalare a mia moglie un viaggio che la renda felice." "Parti tu."

Renato Trinca

2659. La vera felicità è sposare una ragazza per amore e poi scoprire che è ricca.

Bob Monkhouse

2660. Era un cinema così d'essai che all'intervallo la sala veniva illuminata con dei falò.

Paolo Burini

2661. Non sempre quello che viene dopo è progresso.

Alessandro Manzoni

2662. Se un uomo non è disponibile a correre qualche rischio per le proprie idee, o le sue idee non valgono nulla o è lui che non vale nulla.

Ezra Pound

2663. Lei – Fallo per i nostri bambini.
Lui – Noi non abbiamo bambini.
Lei – Allora fallo per i nostri genitori.
Lui – Neanche loro hanno bambini.

Woody Allen
(*Amore e guerra*)

2664. Vengo da una famiglia molto numerosa: nove genitori.

Jim Gaffigan

2665. Mai avere figli, solo nipoti.

Gore Vidal

2666. Nasce tuo figlio e il medico ti coinvolge: "Deve aiutare..." Io sono odontotecnico, fosse uscito dalla bocca! Ma da dove esce... non lo faccio per lavoro, è un hobby.

Daniele Raco

2667. Contesto il fatto che lei ci chiami piccoli bambini. È scorretto! Preferiamo definirci "pre-adulti con difficoltà verticale".

Yakko, da *Animaniacs*

2668. Ero così pigro che mia madre, quando era incinta di me, aveva la placenta a forma di sedia a sdraio. Mia madre aveva una pancia così grossa che la gente le chiedeva: "Ma non ti fa male il bambino?" E lei: "No, il bambino no. È l'ombrellone che mi dà fastidio!"

Pino Campagna

2669. A me piacciono solo due tipi di uomini: gli stranieri e quelli del mio Paese.

Mae West

2670. Ospedali e galere e puttane: sono queste le università della vita. Io ho preso parecchie lauree. Chiamatemi dottore.

Charles Bukowski (*A sud di nessun nord*)

2671. Ho conosciuto un tizio lapocondriaco: aveva una costante paura di prenderlo nel culo.

Francesco Rizzuto

2672. Sono contento di non essere bisessuale. Non riuscirei proprio a sopportare l'idea di venire respinto sia dagli uomini che dalle donne.

Bernard Manning

2673. Se ti consigliano la posizione supina, l'importante è che Pina sia d'accordo.

Lando Mariano Deiana

2674. Non riuscirei mai a farmi la ceretta al culo. Ci sono andata vicina facendogli dei ciuffetti, ma i bigodini mi hanno ucciso.

Sarah Silverman

2675. Studia sugli appunti della compagna che per rapidità scrive x al posto di per. Alla domanda "Il luogotenente di Garibaldi?" risponde: "Nino Biperio!"

Gioele Dix

2676. Prof – Quando è nato Adamo?
Studente – Mangia la mela... C'era la foglia di fico... quindi era estate.

Smemoranda Brothers & Sisters

2677. "Perché credere in Dio?" "Perché non si può sempre dare la colpa allo Stato."

Andrea Frignani

2678. Sono stufo delle religioni e del loro impertinente bigottismo. Sarebbe ora che Dio scendesse sulla terra per spiegare chiaramente a tutti che lui non esiste.

Francesco Vespa

2679. Vorrei parlarvi del mio seno... lo so non è giusto parlare delle assenti, ma devo!

Teresa Mannino

2680. Sì caro, ho preso il mio primo bikini. Ha tre pezzi: il top, le mutande, e una benda per te.

Wendy Liebman

2681. Sono entrata in quella fase della vita nella quale quando ti alzi da una sedia, il tuo culo rimane seduto.

Alessandra Sarno

2682. La prima volta che vidi la mia futura moglie, le dissi: "Mamma mia, che culo che hai!" "Ti piace?" mi chiese. "Un sacco!" risposi io. "Se vieni a casa, mio padre te lo fa uguale."

Pino Campagna

2683. Io non faccio ginnastica. Dovreste offrirmi la luna per avermi su uno di quegli attrezzi a grugnire per due ore. Il mio corpo è solo un modo per portare la mia testa da un posto all'altro.

Dave Thomas

2684. L'unico posto in cui "successo" viene prima di "sudore" è il dizionario.

Vidal Sassoon

2685. Certe sere mi siedo nella mia stanza d'albergo, penso a qualcosa che mi fa ridere, poi prendo una penna e la scrivo. Se la penna è troppo lontana, mi devo convincere che quello che ho pensato non fa ridere.

Mitch Hedberg

2686. Abbiamo avuto dei ladri gay in casa, l'altra sera. Sono entrati e hanno cambiato la disposizione dei mobili.

Robin Williams

2687. Credo di essere diventato bisessuale. Infatti mi piacerebbe fare l'amore sia con una donna che con due.

Mimmo Ciulla

2688. Quando una ragazza urla mentre fa sesso, o è positiva, o è negativa. "Sì! Sì! Sì!" Oppure: "No! No! No!" Una volta tanto mi piacerebbe sentire una ragazza dire: "Forse! Forse! Forse!"

Steve Byrne

2689. Io non posso permettermi la connessione a internet ultraveloce. Io ho una connessione così lenta che sui siti porno vedo uomini e donne che flirtano.

Marco Vicari

2690. Lei ti dice che sei stato veloce e tu ti giustifichi: "Io veloce? Bimba, se ce la faccio io in due minuti puoi farlo anche tu! Sei tu che sei lenta!"

Daniele Raco

2691. Marito – Facciamo una sveltina?
Moglie – Abbiamo anche un'alternativa?

Arturo Di Naccio

2692. Ieri io e mia moglie ci siamo fatti una scopata talmente bella che, quando abbiamo finito, anche i vicini si sono fumati una sigaretta.

Bruce Ketta

2693. Un amico ti ha rubato l'amante? Gli perdonerai. Tu hai rubato l'amante a un tuo amico? Non gli perdonerai mai.

Ugo Ojetti

2694. Non tutte le donne sposate sono mogli.

Proverbio giapponese

2695. Di certo non ho fretta di sistemarmi con una donna. Penso che sia troppo presto. Ho venticinque anni e faccio parte del mondo dello spettacolo. Voglio dire, se tutto va come deve andare, mia moglie non è ancora nata.

Arj Barker

2696. Stasera la signora V. mi diceva con le lacrime agli occhi: “Mio marito è morto ormai da due anni, ma non riesco a dimenticarlo, povero Enrico!” “Ma non si chiamava Ugo?” “Ugo, dici? È vero, che stupida!”

Romano Bertola

2697. Una cosa non è necessariamente vera perché un uomo è morto per realizzarla.

Oscar Wilde

2698. In amore la vittoria va all’uomo che fugge.

Napoleone Bonaparte

2699. Non tutti sanno che tra gli equini circola questo indovinello: “Chi era il proprietario del cavallo bianco di Napoleone?”

Francesco Vespa

2700. Una volta nel gregge, è inutile che abbai: scodinzola.

Anton Čechov

2701. A Vercelli c’è così tanta vita che i cani si abbandonano da soli.

Pierdavide Accendere

2702. Per conquistare un maschio, mi avvicino pian pianino a lui, gli lecco il collo e scappo via.

Carmen, antilope del Niigai (www.veetclub.it)

2703. La zebra ha il pigiama, ma non ha la vestaglia.
Ennio Flaiano

2704. Anche questa volta arriverai secondo.
Jacques Anquetil (in punto di morte a Raymond Poulidor)

2705. Ancelotti scrive a *la Repubblica*. "Divorzio da Berlusconi. Pur invitato, non è venuto ai diciotto anni di Pato."
Gene Gnocchi

2706. A Mediaset è più facile starci da interista che da giornalista.
Enrico Mentana

2707. È meglio un uovo Moggi, o un Galliani domani?
Enzo Speciale

2708. Correrò come un negro per vivere come un bianco.
Samuel Eto'o

2709. C'è così tanto cibo in America che siamo diventati allergici al cibo. Allergici al cibo! Gli affamati non sono allergici al cibo. Pensate che qualcuno in Ruanda abbia una cazzo di intolleranza al latte?
Chris Rock

2710. La diossina nella mozzarella c'è sempre stata. Secondo me, è la diossina che dà sapore alla mozzarella!"

Peppe Iodice

2711. Ho dei gusti semplicissimi, mi accontento sempre del meglio.

Oscar Wilde

2712. Buone notizie: l'Agenzia per i farmaci ha approvato una pillola che aiuta a perdere peso dando l'impressione di sentirvi sazi. La dose raccomandata è di cinquemila pillole al giorno.

Conan O'Brien

2713. Un nuovo studio dice che la perdita di peso può migliorare le performance sessuali di un uomo. Specialmente se a perdere peso è la sua donna.

Jay Leno

2714. Aveva un culo così basso che quando camminava sulla sabbia, non lasciava impronte.

Raffaele Bruno

2715. "Ti è mai capitato nella vita di conoscere una donna, magari non bella, diciamo pure brutta, eppure di trovare in lei qualcosa che ti prende, che ti attrae? A me mai."

Romano Bertola

2716. Gli uomini ti dicono: "Non c'è bisogno che stai in bagno così tanto per truccarti perché sei bella così al naturale, acqua e sapone." Non ci credete, poi ti fanno le corna con la Tatangelo.

Teresa Mannino

2717. Molti uomini, innamorati di una fossetta sulla guancia, commettono l'errore di sposare l'intera ragazza.

Stephen Leacock

2718. Ridere non è affatto un brutto modo per iniziare un'amicizia ed è senz'altro il migliore per troncarla.

Oscar Wilde

2719. "E la storia dell'umanità, babbo?" "Ma niente: prima si fanno delle cazzate, poi si studia che cazzate si sono fatte."

Altan

2720. "Uscita in caso di Brahms".

Philip Hale (iscrizione che propose di porre sopra le uscite della Boston Symphony Hall)

2721. Sta per essere aperto il nuovo stadio degli Yankees: 77 tornelli, 444 casse, tabelloni segnapunti ad alta definizione... Ah, no... quella è la camera da letto di Madonna!

David Letterman

2722. Ho visto un pipistrello volare alle tre del pomeriggio. Brutta cosa l'insonnia!

Guido Penzo

2723. I Palazzi dove vive Pinodeipalazzi sono talmente malconci che anche i piccioni che ci abitano vanno a cagare altrove.

Giancarlo Kalabrugovic,
Carlo Turati e Alessio Tagliento

2724. L'agenzia immobiliare ha tentato di vendermi una casa in condizioni penose. Mi hanno detto: "È una casa storica, c'è anche l'epitaffio in marmo del passaggio di Garibaldi". Sono andato a vedere. C'era scritto: "Qui Garibaldi si rifiutò di dormire!"

Diego Parassole

2725. Prof – Ragazzi, dov'è l'entusiasmo?
Studente – È uscito un attimo.

Smemoranda Brothers & Sisters

2726. Non sono più intelligente di quanto sembri.

Andy Warhol

2727. In America solo lo scrittore di best seller è importante; in Francia tutti gli scrittori sono importanti; in Inghilterra nessuno scrittore è importante; in Australia devi spiegare cos'è uno scrittore.

Geoffrey Cotterell

2728. Cos'è un gentiluomo? Qualcuno che può suonare il saxofono... ma non lo fa!

Citata da Andrea Conti

2729. A un colloquio di lavoro.
"Mi dica, a cosa rinuncerebbe su un'isola deserta?"
"Allo skipass!"

Luca Klobas

2730. Nel mondo animale, la femmina dell'uomo è l'unico mammifero che accudisce i cuccioli anche per quaranta, cinquant'anni.

Gigi Saronni e Bruno Furnari

2731. Gli astronauti a bordo della Stazione Spaziale Internazionale stanno cercando di sistemare la macchina che trasforma l'urina in acqua potabile. A dir la verità, la macchina è ok, ma gli astronauti continuano a dire: "Prova tu per primo." "No, dai prova tu."

Conan O'Brien

2732. Ale – Da te fegato e cervello hanno fatto l'arrocco!

Ale e Franz

2733. "Lei è un cretino, s'informi!"

Totò

2734. Il denaro non dà la felicità, il successo dà alla testa, la ricchezza crea solo problemi. Comunque è solo l'invidia che fa dire certe cazzate.

Enrico Bertolino

2735. Quattrini e cretini non si fanno compagnia.

James Joyce

2736. C'è una frase che diciamo qui in America: "In God we trust", in Dio abbiamo fede. Ed è scritta lì dove Gesù avrebbe voluto: sulle nostre banconote.

Stephen Colbert

2737. La mia è una compagnia di miliardari fighetti. Una volta si stava discutendo sul luogo più esclusivo dove partorire. C'era chi voleva l'ospedale rinomato, chi la clinica esclusiva e chi la grotta di Betlemme.

I Maceta (Siro e Luca Mantovani)

2738. Ci sono poche cose più gratificanti che vedere i propri figli alle prese con i loro figli adolescenti.

Doug Larson

2739. Aids: il Vaticano prepara un dossier sul preservativo. Secondo indiscrezioni, c'è scritto che si può usare ma senza indossarlo.

Marco Vicari

2740. La Corte Suprema ha stabilito che non si può allestire un presepe pubblico a Washington. Non per motivi religiosi, ma perché non riuscivano a trovare tre uomini saggi e una vergine.

Jay Leno

2741. Sono chicano, che vuol dire sono un americano di origine messicana. Ispanico? Dico io, ma perché associarci con una parola che ha "panico" dentro?

George Lopez

2742. Sono molto stanco: ho cambiato il numero del cellulare e, per informare tutti i miei amici del cambio, sto girando tutti gli autogrill d'Italia: entro in bagno, cancello il numero vecchio e scrivo quello nuovo.

Salvo Spoto

2743. Poco tempo fa ho risparmiato un sacco di soldi sulla mia assicurazione... scappando dalla scena di un incidente.

Dan Cummins

2744. Tony Blair ha ammesso in un'intervista di aver picchiato i suoi figli, spiegando di averlo fatto solo perché ha giudicato attendibili le fonti che dicevano che i ragazzi trasportavano armi di distruzione di massa.

Tina Fey

2745. Trovata. Abbiamo la prova, la pistola fumante. Le armi di distruzioni di massa che erano il pretesto per invadere l'Iraq sono state trovate. C'è solo un problema. Sono in Corea del Nord.

Jon Stewart

2746. (Riferendosi a Mina che aveva mandato il filmato della sigla di Sanremo) Sono rimasti in due che mandano filmati: Mina e Bin Laden!

Roberto Benigni

2747. Questo film costa 31 milioni di dollari. Con tutti quei soldi, potrei invadere un altro Paese.

Clint Eastwood

2748. Se Dio non avesse voluto che mangiassimo animali, perché allora li avrebbe fatti di carne?

John Cleese

2749. Seguo una dieta molto restrittiva. Mangio solo cose che cominciano con la lettera U. Per esempio: un piatto di spaghetti, una pizza, una braciola di maiale, un dolce…

Boris Makaresko

2750. A quarant'anni mi sono messo a dieta ferrea e per la prima volta vado in palestra a fare pugilato. Il risultato? Se ti do un cazzotto non ti faccio niente, ma c'ho una fame che se ti do un morso t'ammazzo!

Sergio Sgrilli

2751. Ero un bambino ciccione, non ho mai giocato a nascondino. Tranne una volta: mi sono nascosto sotto un'auto, mi hanno dovuto tirar fuori i pompieri.

Daniele Raco

2752. Il Segretario di Stato Hillary Clinton è in Cina. Ha incontrato un gruppo di bambini oggi. E gli ha detto: "Voi bambini siete bravissimi, cucite degli abiti fantastici".

Jay Leno

2753. In famiglia siamo talmente in tanti che il più piccolo dei miei fratelli mi chiama zio.

Francesco Rizzuto

2754. Spesso mi chiedono perché in tv parlo così poco toscano. Ma il toscano che conosce l'Italia è il fiorentino e io non sono fiorentino, sono maremmano. Vi assicuro che la tv italiana ancora non è pronta per il maremmano.

Sergio Sgrilli

2755. I bolognesi sono pigri e senza speranza. La scorsa notte mi ha bloccato un tipo e consegnandomi un coltello mi dice: "Se non mi dai tutti i soldi, ti ammazzi!"

Mic Manzoni

2756. A Milano ci sono delle scritte che dicono: "Benvenuti a Milano 1", "Benvenuti a Milano 2", "Benvenuti a Milano 3". Al mio paese, giù in Puglia, c'è una scritta unica che dice: "Che cazzo sei venuto a fare?"

Pino Campagna

2757. "Roma, città scorbutica, certo. Ma perché è consapevole del suo ruolo!" "No, è che semo proprio ignoranti!"

C'eravamo tanto amati

2758. A Genova quando guariamo da una malattia, prendiamo le medicine e, per paura che ci scadano, ci ammaliamo un'altra volta.

Emilio Razzetti

2759. Un vincitore è un sognatore che non si è arreso.

Nelson Mandela

2760. Più forte dell'odio è l'amore.
Più forte dell'amore è... Mike Tyson, per esempio.

Brunello Robertetti (Corrado Guzzanti)

2761. Se varrò qualcosa più in là, la valgo anche adesso, perché il grano è grano, anche se i cittadini all'inizio lo scambiavano per erba.

Vincent Van Gogh

2762. Ci saranno sempre degli eschimesi pronti a dettar legge su come devono comportarsi gli abitanti del Congo durante la calura.

Stanislaw Jerzy Lec

2763. "Ti offro una bella pizza... i soldi ce li hai?"

Totò

2764. A Milano tutto è organizzato con un certo anticipo. Ieri, 30 di ottobre, una mia amica milanese mi ha mandato un sms con scritto: "Vieni a cena da me lunedì 15 dicembre alle 20:30?" Io manco so che cosa devo fare domani! Ma poi ci vai a cena, arrivi, ti siedi, fai due chiacchiere e poi ti dicono: "Ordiniamo le pizze?" "Ma perché in un mese e mezzo non ce l'hai avuto il tempo di cucinare?"

Teresa Mannino

2765. Ieri al ristorante mi ha servito un cameriere che penso prima facesse il meccanico. Ogni cinque minuti passava e chiedeva: "Acqua e olio, tutto a posto?"

Federico Basso

2766. Mi chiedono se a tavola sono un salutista: io rispondo di sì. Nel senso che dopo che ho mangiato un chilo di lardo saluto tutti.

Bruce Ketta e Marco Del Conte

2767. Esistono tre tipi di persone: quelle che sanno contare e quelle che non sanno contare.

Benjamin Dereca

2768. I paparazzi a me non mi fotografano nemmeno se gli compro i rullini.

Mister Forest

2769. Una donna che non sa essere brutta non è bella.

Karl Kraus

2770. *La Gioconda* si sta deteriorando. Si sta raggrinzendo e inarcando. Ma non temete, un team di restauratori la sistemerà. È la stessa gente che ha lavorato su Cher.

David Letterman

2771. Sono stato all'Acropoli ad Atene: carino ma niente di nuovo.

Gigi Saronni e Bruno Furnari

2772. Studente – Secondo me Canova faceva la statua in gesso e poi gli calava sopra il marmo.

Smemoranda Brothers & Sisters

2773. Un uomo che si dedica all'arte di solito non ha dei begli addominali.

Alessandro Fullin

2774. In Italia è concentrato più del cinquanta percento della produzione artistica mondiale. In Italia più del cinquanta percento degli italiani non lo sa. In Italia più del cinquanta percento dei piccioni lo sa.

Ivan Della Mea

2775. Annibale e Moira Orfei hanno qualcosa in comune: a nessun altro è venuto in mente di girare l'Italia insieme a degli elefanti.

Alessandro Fullin

2776. Un uomo aveva una tigre da duecento chili nel suo appartamento di New York. E una volta che hai una tigre, cosa c'è di meglio di accompagnarla con un alligatore? Dunque questo tale aveva una tigre e un alligatore nel suo appartamento, e la polizia ha ricevuto una soffiata dal pappagallo. La tigre viveva di tonno in scatola, e di qualche occasionale fattorino dell'Ups.

David Letterman

2777. "Sua Maestà non sa cosa abbia appena suonato la banda, ma non dovrà essere suonata mai più."

Giorgio V, Re d'Inghilterra
(riguardo a *Elektra* di Richard Strauss)

2778. Abito in un posto molto modesto. Ho una stanza con vista sullo splendido Claridge's Hotel. Ho pensato che fosse meglio che pagare i prezzi del Claridge's e avere una vista sulla catapecchia in cui vivo.

Jack Benny

2779. Non importa quanto vai piano, l'importante è che non ti fermi.

Confucio

2780. Quando un filosofo risponde, non capisco più la domanda che gli ho fatto.

Pierre Desproges

2781. Mia nonna era una donna davvero molto forte. Seppellì tre mariti, e due di loro stavano solo schiacciando un pisolino.

Rita Rudner

2782. Quando una ti spara in testa, vedi, ti fa pensare.

Kevin Kline

2783. Ieri il mio direttore mi ha detto: "Com'è possibile che lei l'anno scorso ha fatto undici mesi di malattia?" "È perché l'altro l'ho fatto di ferie, signor direttore..."

Bruce Ketta

2784. "Tu che lavoro fai?" "Niente." "Ah, e quando ti hanno eletto?"

Giovanna Donini

2785. "Posso aspettare!"

Arnold Schönberg, (quando gli fu detto che a un pianista sarebbero occorse sei dita per suonare una sua composizione)

2786. Un'idea che non sia pericolosa è indegna di chiamarsi idea.

Oscar Wilde

2787. Non insultare mai un alligatore prima di avere attraversato il fiume.

Cordell Hull

2788. Ma i cigni prima di morire hanno il loro canto dell'uomo?

Flavio Oreglio

2789. L'uomo è una corda tesa tra la bestia e il superuomo.

Friedrich Nietzsche

2790. Creatività è lasciare che uno commetta degli errori. Arte è sapere quali errori tenere.

Scott Adams

2791. Sono andato al museo dove hanno tutte le teste e le braccia che mancano nelle statue in tutti gli altri musei.

Steven Wright

2792. Partecipavo a molte competizioni sportive, finché non ho scoperto che uno può comprare i trofei. Adesso sono bravo in tutto.

Demetri Martin

2793. Non sono un grosso sportivo. L'altro giorno mi sono venuti i crampi e stavo giocando solo da mezz'ora. A shangai.

Marco De Carli

2794. Per arredare il centro delle rotatorie mettono quattro piantine depresse e un cartello con su scritto: "In questa rotonda il verde è curato da Garden 2000". Me lo devo ricordare questo nome: Garden 2000. Piuttosto che farvi curare il mio giardino, lo asfalto.

Gioele Dix

2795. Era così racchia che dava scrolloni alle auto per farsi fischiare dietro dagli antifurti.

Carlo Squillante

2796. La donna ideale deve avere il viso della Bellucci, le tette della Cucinotta, le gambe della Arcuri e le chiavi di casa mia.

Furio Ombri

2797. Vorremmo tutti votare per la persona migliore, ma non è mai candidata.

Kin Hubbard

2798. "Ho paura, quello è un deputato."

Totò

2799. Una volta le favole cominciavano con: "C'era una volta..."; oggi molte cominciano con: "Quando sarò eletto..."

Bruce Ketta

2800. Mai fidarsi troppo del giudizio dei cittadini. Basti pensare che nel referendum più famoso della storia hanno liberato Barabba.

Maurizio Crozza

2801. Mio padre ha speso i migliori anni della sua vita a scrivere discorsi improvvisati.

Randolph Churchill

2802. Sicuro, brillante, sereno, galante e raffinato: bastano queste qualità per rimorchiare chi ti pare. Se però nei dintorni c'è un bastardo, sappi che prima tocca a lui.

Giorgio Melazzi

2803. Bere non è la risposta, ma bevendo ti dimentichi della domanda.

Gruppo di Facebook

2804. Ho smesso di bere, ma solo quando dormo.

George Best

2805. Il corpo umano non è in grado di contenere contemporaneamente l'alcol e l'antisemitismo. Basta che ci entri un po' d'alcol perché cominci a uscirne l'antisemitismo.

Stanislaw Jerzy Lec

2806. Nasco poeta e vado avanti così. Ho rispetto per i negri e gli omosessuali, purché i due fenomeni non si presentino contemporaneamente.

Brunello Robertetti (Corrado Guzzanti)

2807. Il nuoto è uno strano sport: a volte nuoti per divertimento, a volte per non morire.

Demetri Martin

2808. Mi piacciono gli sport estremi. Faccio sollevamento pesi. A ostacoli. Subacqueo.

Paolo Burini

2809. Per prima cosa l'istruttore della palestra mi ha detto: "Per cominciare mi fai quaranta minuti di cyclette". Ho pensato: Tanto ho pagato per due mesi, li spalmo sui due mesi.

Daniele Raco

2810. Napoli: ancora violenza. Ucciso per sbaglio un camorrista in una normale lite tra passanti.

Marco Vicari

2811. Amo Napoli. Ho abitato lì un anno e c'ho lasciato un pezzo di cuore... e non solo: anche due bici, una moto, un orologio e un cellulare.

Sergio Sgrilli

2812. Se da soli non ce la fate, avete due possibilità: o vi fate aiutare da qualcuno o rinunciate. Qualunque sia la vostra scelta, comunque, sappiate che di quello che fate a me non me ne frega una minchia.

Michele Leoni

2813. Prof – C. hai studiato?
Studente – Eh?
Prof – Allora ne approfitto.

Smemoranda Brothers & Sisters

2814. Chi non ama le donne, il vino e il canto è solo un matto non un santo!

Arthur Schopenhauer

2815. Sembra che una scultrice abbia fatto il calco del pene di John Holmes quando lui aveva ventisette anni. L'età del pornodivo la si è potuta calcolare contando i cerchi.

Paolo Burini

2816. La masturbazione per certi versi è un'arte. Si consideri che siamo nel terzo millennio e ancora è prevalentemente fatta a mano.

Furio Ombri

2817. Chi dice donna dice danno. Però non è vero: a me non me la danno.

Francesco Damiano

2818. Quando uno è innamorato, beh quelli sono i più fantastici due giorni e mezzo della sua vita.

Richard Lewis

2819. E quando lei: "Ma teeee... lo sai che ho sognato di far l'amore con un altro: un extracomunitario. Secondo te cosa vuol dire?" Lui: "Sai, noi italiani certi lavoracci non si voglion più fare".

Stefano Bellani

2820. Mi piace un sacco essere famoso, è quasi come essere bianco, no?

Chris Rock

2821. È una corsa alla nomination storica per i democratici. Hillary Clinton contro Barack Obama. Di solito, quando vedi un nero o una donna Presidente, un asteroide sta per abbattersi sulla Statua della Libertà.

Jon Stewart

2822. Barack Obama ha parlato in Germania davanti a duecentomila persone. C'erano così tanti tedeschi che urlavano e gridavano che la Francia, per evitare problemi, si è arresa.

Craig Ferguson

2823. La mia famiglia è talmente numerosa che il reparto maternità dell'ospedale vicino a casa mia si chiama col nome di mia madre.

Francesco Rizzuto

2824. Non tutti sanno che, nonostante il sistema pediatrico europeo sia il migliore al mondo, l'82 percento dei bambini nati nel vecchio continente non supera il settantantottesimo anno di vita.

Francesco Vespa

2825. Uno dei segni che il tuo giornale è nei guai è questo: tutte le notizie che riporta sono avvenute nel raggio di un isolato dall'ufficio del giornale.

David Letterman

2826. Mio nonno morì nel grande crollo del 1929. Un agente di cambio si lanciò da una finestra e lo schiacciò insieme al suo carretto.

Mario Cuomo

2827. La società statunitense Aig, che l'anno scorso ha ricevuto 170 miliardi di dollari di contributi dal

Governo, quest'anno ha pagato ai propri manager 165 milioni di dollari in bonus. Dicono che i bonus erano giustificati dal fatto che la società l'anno scorso aveva incassato 170 miliardi di dollari in più.

Jay Leno

2828. Vittorio Emanuele rientra in Italia e tutti si domandano: perché proprio adesso dopo tanti anni di esilio dorato? La sua risposta è semplice e chiara: "Adesso che il Paese sta andando a puttane, non potevo certo mancare!"

Enrico Bertolino

2829. Io continuo a ripetermi che non tutte le donne sono puttane. Lo sono soltanto le mie.

Charles Bukowski (*Factotum*)

2830. Io sono contrario al Trattamento di Fine Rapporto. Io le donne preferisco pagarle prima.

Bruce Ketta e Marco Del Conte

2831. Farei di tutto per rendere mio marito felice. A parte cucinare, pulire o chiudere la bocca.

Lisa Landry

2832. Da quando si è messo in piedi sugli arti posteriori, l'uomo non sa più riacquistare l'equilibrio.

Stanislaw Jerzy Lec

2833. Franz – Ricordi Manuel l'acrobata?
Ale – Sì.
Franz – Sua moglie lo ha lasciato!
Ale – Sono cose che succedono.
Franz – Non durante il numero al trapezio.

Ale e Franz

2834. A proposito di anniversari storici, il 17 dicembre 1903 i fratelli Wright fecero il loro primo volo. Era il 1903, la cosa strana è che percorsero solo ottocentocinquantadue piedi, ma i bagagli finirono a Dallas.

David Letterman

2835. Berlusconi ha provato a vendere l'Alitalia a tutti, anche ai suoi figli che gli han detto: "Babbo, dai, perché ci vuoi inculare, anche a noi?" E lui ha risposto: "Bambini, lo sapete: è più forte di me tirare dei bidoni".

Palmiro Cangini (Paolo Cevoli)

2836. Voli a basso costo. L'ultima volta che sono venuto su da Roma con una compagnia low cost, all'altezza di Melegnano l'hostess è passata a chiedere i soldi per il casello.

Diego Parassole e Carlo Turati

2837. "Non c'è alcuna ragione per allarmarsi, e speriamo che siate in grado di godere del resto del viaggio.

A proposito, c'è nessuno a bordo che sa come far volare un aereo?"

L'aereo più pazzo del mondo

2838. Leggere è niente, il difficile è dimenticare ciò che si è letto.

Ennio Flaiano

2839. I poeti immaturi imitano. I poeti maturi rubano.

Thomas S. Eliot

2840. Potrei amarti come la notte insegue il giorno
come un folle sogna la ragione
come la Luna abbraccia la Terra
come il cielo avvolge le nubi.
Potrei amarti come nelle poesie
e nei sogni, avvolti da una luce di miele
adagiati tra le rose a sospirare attimi d'eternità.
Purtroppo soffro d'un disturbo dell'attenzione
verso tutto ciò che non è figa.

Francesco Varchetta

2841. Le rime sono più noiose delle Dame di San Vincenzo: battono alla porta e insistono. Respingerle è impossibile e purché stiano fuori si sopportano. Il poeta decente le allontana, le nasconde, bara, tenta il contrabbando.

Eugenio Montale

2842. Scrivere è come rotolare giù da una montagna. È liberatorio. È piacevole, è un volo, e si viene pagati per fare quello che si vuol fare. Voglio dire che scrivere è come andare a letto con una bella donna, fare all'amore e poi ci si alza e qualcuno ti dà dei soldi. È troppo.

Charles Bukowski (*Quello che mi importa è grattarmi sotto le ascelle*)

2843. Paris Hilton deve andare in carcere. Ma, Paris, non è mica così male, essere in carcere: avrai un sacco di tempo per leggere, un sacco di tempo per scrivere... Oh, no, sei nei guai, Paris.

David Letterman

2844. Il punto è un segno assolutista: obbliga alla maiuscola, che è una forma di inchino ortografico.

Beppe Severgnini

2845. Ancelotti ha tracciato il profilo del futuro allenatore del Milan: "Sarà aziendalista, grassottello e un po' stempiato. Lo stesso degli ultimi anni". Quindi sulla panchina rossonera rimane Berlusconi.

Gene Gnocchi

2846. "Cavaliere, nessuno vuole farla fesso... non c'è bisogno."

Totò

2847. Stabilite inizialmente con cura i fatti, in modo da poterli in seguito deformare come vi pare.

Mark Twain

2848. Non tutti sanno che nel 2056 un asteroide colpirà la Terra. E l'impatto sarà talmente forte da riportare in vita i dinosauri.

Francesco Vespa

2849. Per i contadini l'ora legale è un problema, perché non riescono a mettere avanti il gallo.

Beppe Grillo

2850. Anche un orologio fermo segna l'ora giusta due volte al giorno.

Hermann Hesse

2851. La mente è come un paracadute. Funziona solo se si apre.

Albert Einstein

2852. Vendesi paracadute, mai aperto, usato solo una volta, piccola macchia.

Marco Pastonesi

2853. Mio figlio ha una scarpiera che è un silos a dodici piani: ci sono tante di quelle scarpe da ginnastica in gomma che l'omino della Michelin ha chiesto la residenza lì!

Pino Campagna

2854. Devo studiare la politica e la guerra in modo che i miei figli possano studiare la matematica, la filosofia, la navigazione, il commercio e l'agricoltura, cosicché i loro figli studino infine la pittura, la poesia e la musica.

John Adams

2855. Prof – Qual era la frase di Re Sole?
Studente – L'estate sono io.
Prof – See... e sua moglie era l'inverno.

Smemoranda Brothers & Sisters

2856. È talmente antipatico che si sta sui coglioni da solo.

Furio Ombri

2857. C'è gente che si sente in diritto di darti comunque del tu. Come quando entri nei negozi di jeans. "Ciao, dimmi!" "Ma chi ti ha mai visto?"

Gioele Dix

2858. Fatece er cazzo der favore: non dite più che semo cugini.

Striscione laziale
durante un derby Lazio-Roma

2859. Detto tra noi, se non ci fosse dialogo non potremmo lavorare... dissero le virgolette.

Flavio Oreglio

2860. Non si apprezzano parecchie cose della scuola fino a quando non si è cresciuti. Piccole cose, come venire sculacciato da una donna di mezza età. Cose per le quali poi sei disposto a pagare una bella somma quando cresci.

Emo Philips

2861. Prof – Che significa *serial killer*?
Studente 1 – Quello che uccide la sera!
Studente 2 – Un killer serio!

Smemoranda Brothers & Sisters

2862. Al di là degli omicidi, Washington ha uno degli indici di criminalità più bassi in tutto il Paese.

Marion Barry (Sindaco di Washington)

2863. Non esisteranno grandi scoperte né reale progresso finché sulla terra ci sarà un bambino infelice.

Albert Einstein

2864. Oggi i ragazzi vanno agli esami col videofonino e tutto va bene. Ai nostri tempi non potevi andare col telefono a scuola. Intanto si vedeva il filo…

Giuseppe Giacobazzi

2865. Prof (distribuendo delle versioni di latino corrette) – Voi traducete da una lingua sconosciuta a una ignota!

Smemoranda Brothers & Sisters

2866. Mia madre c'aveva una specialità per cuocere la trota: faceva la vivace trota al cartoccio, perché, per non sporcare tanto il forno, la trota al cartoccio la infilava in forno e la levava subito, per cui la trota era veramente vivace. "Ah ma', 'sta trota è un po' vivace!" E infatti aprivo il cartoccio e trovavo la trota che diceva: "Chiudi, che voglio morire da sola, chiudi!" "Mamma, 'sta trota è un po' vivace!" "Bene, significa che è fresca." "Ho capito, però se sta a magna' le patate!"

Enrico Brignano

2867. Odio la gente che indica il polso per chiedere l'ora! Per caso, io indico il pacco quando devo chiedere dov'è il bagno?

Billy Connolly

2868. Se te lo puoi permettere, allora non è un taxi.

Francesco Vespa

2869. Annuncio importante. La Warner Brothers ha dichiarato che sposterà parecchi posti di lavoro in India, il che spiega perché, nel prossimo *Batman*, la Batmobile sarà un autobus con quattrocento persone appese di lato.

Conan O'Brien

2870. Veronica Berlusconi ha detto: "Mio marito è malato". Noi diciamo: "No all'accanimento terapeutico!"

Giulia Ricciardi

2871. Papi vieni anche alla nostra di festa?

Striscione interista
dopo la conquista dello scudetto 2009

2872. Lui – Voi donne nella vita siete avvantaggiate perché avete quella cosina lì... che noi non abbiamo.
Lei – Si chiama cervello, caro.

Furio Ombri

2873. Diffuso in Rete il regolamento segreto di Guantanamo. Molto severe le regole sui cani da guardia: *I cani da guardia non possono scommettere durante i combattimenti tra i detenuti.*

Marco Vicari

2874. Lo schiavo è quello che aspetta qualcuno che vada a liberarlo.

Ezra Pound

2875. L'unica cosa che so dell'Africa è che è molto, molto lontana. Circa trentacinque ore di volo. La traversata in mare è così lunga che ci sono ancora degli schiavi per strada che cercano di arrivare in America.

Chris Rock

2876. Non si può morire dentro, vai a morire un po' più in là.

Brunello Robertetti (Corrado Guzzanti)

2877. Mia madre fa fatica a accettare l'omosessualità. L'altra sera ha visto in tv due donne baciarsi e ha detto: "Quelle due sorelle si adorano!"

Giovanna Donini

2878. Omosessualità. Dio creò l'uomo, poi la donna, poi prese una seconda costola e cominciò sul serio a divertirsi.

Alessandro Fullin

2879. "Ridateci i castrati!"

Igor Strawinskij (al Papa che gli chiedeva cosa potesse fare la Chiesa cattolica per la musica classica)

2880. "Cauto, perché se sua Maestà avesse sentore del tuo intento ti taglierebbe le gambe, le braccia e la testa." "Beh, mi resterebbe sempre il meglio."

Woody Allen (*Tutto quello che avreste voluto sapere sul sesso ma non avete mai osato chiedere*)

2881. Trovo la televisione molto istruttiva. Se qualcuno la accende, vado in biblioteca a leggermi un libro.

Groucho Marx

2882. La mia mente è come un registratore con un solo tasto: "Cancella".

Andy Warhol

2883. È più facile dare della puttana a qualcuno che esserlo.

Stanislaw Jerzy Lec

2884. Non è cattiveria ma, essendo tedesco, questo Papa sembra sempre incazzato. Fateci caso: quando ha finito di parlare, lui la finestra non la chiude, la sbatte.

Giovanna Donini

2885. Sembra che il Papa venga a New York. La città sta già facendo dei test per assicurarsi che il suo cappello passi sotto il Midtown Tunnel.

David Letterman

2886. Mia suocera ci vedeva benissimo, poi l'ho fatta operare di cataratta e ora non ci vede più. Voi vi chiederete se le hanno sbagliato l'operazione... No. Io la cataratta gliel'ho fatta mettere.

Francesco Rizzuto

2887. Non dire al sole di splendere in eterno, non può: c'è la notte! Non dire all'uomo di vivere in eterno, non può: c'è la morte! Non dire a una donna di non romperti i coglioni, non può: c'è sua madre.

Giorgio Melazzi

2888. Sono contrario al matrimonio. Se voglio qualcosa che duri per sempre, faccio un mutuo.

Yarno Rossi

2889. Una volta stavo guidando a 180 all'ora e sono uscito di strada. Ho visto tutta la mia vita passarmi davanti: che taglio di capelli di merda che avevo al matrimonio di mia sorella Luisa!

Mirco Zilio

2890. La sera, se io non sono a casa, mio marito non è tranquillo, non vuole coricarsi e andare a dormire. Mi ha anche spiegato il perché, mi ha detto: "Cara, con te vicino, se arriva un incubo, se ne va via subito perché mi trova già impegnato".

Claudia Penoni

2891. So che diventare una star non è facile. Bisogna avere talento, forza di volontà e darla a quello giusto. Per questo io la do a tutti, così se c'è in mezzo quello giusto, io gliel'ho data.

Viviana Porro

2892. Dj Francesco è il figlio di Roby Facchinetti, quello dei Pooh. Quello che cantava: "Chi fermerà la musica?". Il su' figliolo!

Sergio Sgrilli

2893. La mia unica ambizione è di non essere nessuno, mi sembra la soluzione più sensata.

Charles Bukowski
(*Musica per organi caldi*)

2894. L'indice di gradimento della presidenza Bush è ai minimi storici. Se non migliora, Bush potrebbe essere il primo presidente bocciato e costretto a ripetere la presidenza.

Tina Fey

2895. Conoscevo un uomo che mentre parlava metteva le dita nel naso. Almeno fosse stato il suo!

Karl Kraus

2896. Ogni tanto ripenso alla mia ex, una ragazza fine. Nel senso che è l'unica con cui sono stato: una ragazza-fine, dopo di lei basta.

Leonardo Manera

2897. La donna vuole la parità sessuale. Ma non siamo pari: c'è una bella differenza fra tenere aperto il sacco e sbadilarci dentro.

Palmiro Cangini (Paolo Cevoli)

2898. I California Dream Men durante lo spettacolo si denudano, ballano e si divincolano come delle anguille, sono lucidi, tutti unti. Io mi sono resa conto che l'unica volta che ho visto mio marito unto così è stato quando è esplosa la friggitrice.

Claudia Penoni

2899. Un uomo a cui non piace nessuno è molto più infelice di quello che non piace a nessuno.

François de La Rochefoucauld

2900. Io lo so chi sei. Sei uno di quei giovani che si mettono i recchini come le fimmene ma non gli basta più di metterseli alla recchia, perché ormai è diventato troppo normale, non si impressiona più nessuno... Allora adesso se li mettono agli occhi, al naso, alla bocca! I recchini da che mondo e mondo si chiamano recchini perché vanno alle recchie se no si chiamavano occhini, se no si chiamavano nasini, se no si chiamavano... Che pensavi? Pornografico!

Notaio Raimondo (Marco Marzocca)

2901. Ho provato a curare mio figlio dalla gaieria. Prima coi propoli, ma non fanno niente, poi col voltaren... fosse stata un'infiammazione sarebbe guarito! L'ultima che ho provato sono stati i fiori di Bach: è andato a dirigere un'orchestra, ma è rimasto ricchione!

Viviana Porro

2902. "Ma te ce cachi ogni tanto cor culo?"

Nico Giraldi rivolgendosi a un gay
(Tomas Milian in *Squadra antitruffa*)

2903. Fare sesso è facilissimo. È come masturbarsi, ma in movimento.

Paolo Burini

2904. "Ciccia, guarda che l'ultima l'ho fatta urlare." "Ma io non mi arrabbio, stia tranquillo."

Renato Trinca

2905. A me piacciono le donne con le calze a rete perché una delle massime soddisfazioni per un uomo è poter gridare "Gol!" al momento dell'orgasmo.

Diego Parassole

2906. Annuncio su un giornale napoletano: Universal Duemila Service s.r.l. seleziona collaboratrici bella presenza per interessante attività nel campo delle pubbliche relazioni. No incinte.

Gianfranco Marziano

2907. Viviamo in un'epoca in cui la pizza arriva a casa tua più velocemente della polizia.

Jeff Marder

2908. Il mio matrimonio è di nuovo in crisi. Mia moglie ha appena rotto con il suo fidanzato.

Rodney Dangerfield

2909. *Il Grande Fratello* è un bel programma? Ma chi se ne frega di vedere dei deficienti in mutande che sparano cazzate, quando c'ho mio marito che è campione mondiale e me le dice anche da vestito?

Viviana Porro

2910. Per ridurre i costi le banche lanciano il primo reality occupazionale: il *Grande Sportello*, dove ogni settimana un impiegato viene nominato dai clienti. Chi vince viene licenziato con la fatidica frase: "Esci dalla cassa!"

Enrico Bertolino

2911. Mentana è l'unico a essere stato eliminato dal *Grande Fratello* senza nemmeno essere entrato nella Casa!

Fiorello

2912. Terremoto in Abruzzo.
Lei – Berlusconi si è precipitato subito su tutti i luoghi del disastro.
Lui – Da Sky a *Matrix*, da *Matrix* a *Porta a Porta*.

Vauro

2913. Sul collo della giraffa, la pulce comincia a credere nell'immortalità.

Stanislaw Jerzy Lec

2914. Secondo *GQ* il 39 percento degli uomini rinuncerebbe volentieri al sesso per un anno se ciò estinguesse i loro debiti sulla carta di credito. Il restante 61 percento dichiara che se non facesse sesso, non avrebbe quei debiti.

Jay Leno

2915. Un nuovo virus sta infettando i computer di tutto il mondo, aprendo un sito pornografico sullo schermo delle vittime. Le autorità si sono impegnate a perseguire l'hacker responsabile del virus non appena qualcuno protesterà.

Tina Fey

2916. Annuncio su un giornale napoletano: Rinomata multinazionale leader nel settore cerca persone che non risultano all'anagrafe. Mo' non vi possiamo spiegare in due righe come funziona la storia, contattateci per un colloquio privato.

Gianfranco Marziano

2917. Sono così timido che all'esame della patente mi sono seduto dietro.

Francesco Damiano

2918. Sbavo molto nel parlare. Dopo aver montato il vivavoce in auto, ho dovuto installare anche il tergicristalli all'interno.

Gianni Di Pietro

2919. E tutti a dirmi: "E rilassati ogni tanto! Ma nel weekend non hai staccato la spina, non hai ricaricato le batterie?" Allora: a parte che se stacco la spina, mi dovete dire come cazzo faccio a ricaricare le batterie…

Gioele Dix

2920. Che cosa diventa un presuntuoso senza presunzione? Provate a levar le ali a una farfalla: non resta che un verme.

Nicolas Chamfort

2921. "Gli italiani prima hanno perso la guerra, poi hanno perso la pace."

Totò

2922. L'uomo primitivo appena inventò la matematica esclamò: "Il più è fatto".

Gigi Saronni e Bruno Furnari

2923. Facoltà di Giurisprudenza, esame di Codice di Procedura Civile. Il professore domanda: "Mi saprebbe dire cos'è una frode?" Lo studente: "Una frode è se lei mi boccia". "Come sarebbe a dire?" "Perché la frode si ha quando uno si approfitta dell'ignoranza altrui e lo danneggia!"

Smemoranda Brothers & Sisters

2924. Dicono che sono colto. Ho fatto due giorni di università. Mi mancano 4 anni e 363 giorni per laurearmi.

Woody Allen

2925. Tutte le mie idee migliori mi sono state rubate dagli antichi.

Ralph Waldo Emerson

2926. "Le protesi sono di un materiale molto innovativo, puoi toccarle!" mi disse scoprendosi le tette. Così le strizzai appena un po' e… wow! A parte quello spiacevole rumorino, come di un tintinnio di dobloni, sembravano davvero naturali!

Antonio De Luca

2927. Non ho niente contro chi va con i trans. Però personalmente mi imbarazza fare sesso con una donna che ce l'ha più grande del mio.

Daniele Raco

2928. Adoro avere un pene. È come essere in compagnia di un amico che vuole sempre giocare.

Mitch Fatel

2929. Lei – Hai un volto molto sensitivo…
Lui – E questa è la parte che si vede!

Woody Allen (*Amore e guerra*)

2930. Vivo in un palazzo così grande che l'amministratore ha diritto di veto all'Onu.

Marco Del Conte

2931. Tommaso era il bambino più stronzo di tutti. L'ho rivisto tempo fa; oggi fa l'amministratore di condominio. Lo vedi che quando uno è stronzo da piccolo...

Daniele Raco

2932. "Ariel! Ma come, mi avete allagato la casa?" "No, Signò, la casa è rimasta grande uguale, la casa con l'acqua non si allaga, casomai si restlinge!"

Ariel (Marco Marzocca)

2933. Le mie foto non mi rendono giustizia. Sono proprio come me.

Phyllis Diller

2934. Perché al telegiornale, quando danno la notizia di una rapina, dicono sempre cosa indossava il rapinatore? Cosa credono? A meno che non sia un Puffo, o il mio insegnante di matematica di prima liceo, ci sono serie possibilità che quell'uomo si cambi d'abito ogni giorno!

Lori Giarnella

2935. Il fuorigioco attivo è quando un giocatore rimane in fuorigioco. Il fuorigioco passivo è quando un giocatore lo rimangono in fuorigioco.

Vincenzo D'Amico

2936. "Cos'hai detto?" "Non so, non stavo ascoltando."

Francesco Salvi

2937. Se il bambino non sa leggere, è colpa della mamma. Se il bambino non sa leggere perché non c'è luce in casa, è colpa del papà.

Chris Rock

2938. Secondo una statistica il 98 percento dei padri assiste al parto. Di questi, il 50 percento è lì perché si era perso il concepimento.

Daniele Raco

2939. Per cercare di dormire conto le pecore, ma ne mancano sempre due e il pastore mi tiene sveglio tutta la notte a cercarle.

Leonardo Manera

2940. Mio padre per tutta la vita mi ha sempre ripetuto una sola cosa: "Diffida dei prodotti da 9.900 lire!" A cosa alludeva in particolare? A un pacchetto di preservativi in offerta che usò per mettermi al mondo.

Giorgio Melazzi

2941. Ale – Ma tuo papà da bambino ti lanciava in alto e poi andava a lavorare?

Ale e Franz

2942. Non sono mai piaciuto a mio padre. Una volta mi ha portato a caccia con lui e mi ha dato un vantaggio di tre minuti. Sulla strada per casa, ha legato me sul paraurti e ha messo il cervo in auto.

Rodney Dangerfield

2943. A quanto pare il Sagittario è viaggiatore e lo Scorpione è molto bravo a letto. Io sono Sagittario ascendente Scorpione: viaggio solo per sesso.

Teresa Mannino

2944. Accavallò le gambe e si tirò un po' su la gonna. Si può andare in paradiso anche prima di morire.

Charles Bukowski (*Storie di ordinaria follia*)

2945. Se ogni tanto ti senti piccolo, inutile, offeso o depresso, ricorda sempre che una volta sei stato il più veloce e vittorioso spermatozoo del tuo gruppo.

Anonimo

2946. Mia moglie voleva una grossa festa per il primo compleanno di nostro figlio, ma avevo un'idea migliore: volevo portarlo alla fiera locale, metterlo su un pony, e scattargli una foto. Poi volevo nascondere quella foto in un cassetto. E otto o nove anni dopo, quando mio figlio troverà quella foto, e mi verrà a chiedere: "Papà, e questa cos'è?" io potrò dirgli: "Era il tuo primo compleanno e io ti ho comperato un pony. Poi una volta sono dovuto andare via per lavoro, tua madre non si è presa cura di lui ed è morto".

Jeff Jena

2947. Telefonata alle 5 di mattina: "Che dormivi?" "No. Stavo facendo il pane."

Anonimo

2948. Una volta si chiamava telefonia mobile perché i primi telefonini erano più grandi di un armadio a quattro ante. Adesso si chiama telefonia mobile perché con una bolletta ci puoi comperare un punto vendita dell'Ikea.

Carlo Turati

2949. Lui – Se mi lasci, la casa mi parlerà di te, la cucina mi parlerà di te, il letto mi parlerà di te...
Lei – Vuoi che faccia qualcosa prima di andarmene?
Lui – Finisci di montare i mobili.

Marco Vicari

2950. All'Ikea, all'ora di pranzo, è pieno di gente che va lì per mangiare. Solo che basta leggere il menù: renna, daino, alce... Capisci così che, se qualcuno ti dice che all'Ikea si mangia bene, può essere solo un tarlo!

Luca Klobas

2951. Se vedi un affamato, non dargli del riso: insegnagli a coltivarlo.

Confucio

2952. Nelle separazioni, è chi non è davvero innamorato che sa dire le cose più tenere.

Marcel Proust

2953. E quando lei: "Ma teeee... hai visto Renato? Prima gli hanno fregato la moglie, poi, dopo un mese, lo hanno licenziato". Lui: "Eh, mica gli può sempre andà tutto di culo!"

Stefano Bellani e Antonio De Luca

2954. La donna. Un corpo estraneo, indifferente, spesso ostile. Poi l'uomo inventò i gioielli.

Giorgio Melazzi

2955. In Iraq tengono corsi di addestramento per kamikaze. Che cazzo succede se ti bocciano?

Francesco Varchetta

2956. Ho uno zio in America che spera che io muoia e gli lasci tutto.

Romano Bertola

2957. Mi ha sposato un giudice. Avrei dovuto chiedere una giuria popolare.

Groucho Marx

2958. E quando lei: "Ma teeee... lo sai che ho in mente un romanzo erotico in cui alla fine l'eroe, nonostante sia ferito a morte, vuole fare l'amore con me. Che titolo gli daresti?" Lui: "Colpo di grazia!"

Stefano Bellani e Antonio De Luca

2959. Abbiamo fatto l'amore tutta la sera. Al mattino lei mi dice: "Fare l'amore con te è così emozionante, è come stare sulle montagne russe. Dieci secondi di gioia e mezz'ora di nausea!"

Pablo Scarpelli e Antonio De Luca

2960. Non ho molta fantasia: quando mi masturbo penso alla mano.

Furio Ombri

2961. I chilometri sono più brevi delle miglia. Risparmia la benzina: fai il prossimo viaggio in chilometri.

George Carlin

2962. Dall'incontro di strade nascono spesso le piazze.

Stanislaw Jerzy Lec

2963. Ho dovuto smettere di bere, perché mi sono stufato di svegliarmi in auto mentre guidavo a 140.

Richard Pryor

2964. Prima di tentare un approccio, voglio informarti che sono un eiaculatore precoce. Ma in vacanza è un vantaggio: ti rimane un sacco di tempo per prendere il sole.

Daniele Raco

2965. Un giorno ho chiesto alla mia ragazza: "Tu pensi di stare con me solo perché ti faccio ridere?" E lei: "No, tu mi fai ridere solo perché pensi di stare con me".

Leonardo Manera

2966. Non è vero che la più grande gioia di un comico sia far ridere gli altri: la vera felicità è vedere che gli altri comici non fanno ridere.

Giorgio Melazzi

2967. Sono nato senza volerlo e morirò senza volerlo, per cui lasciatemi vivere come voglio!

Jim Morrison

2968. Un'amica mia se li fa tutti facendogli i pompini appesa al lampadario. Io a casa mia c'ho le lampade a plafone. 'Ndo cazzo me alleno?

Loredana De Paola

2969. Il sesso orale dovrebbe essere uno sport olimpico perché è più difficile del curling e, se sei brava, meriti una medaglia.

Lewis Black

2970. Lui – Cambiamo posizione?
Lei – Sì, come?
Lui – Proviamo l'orecchio?
Lei – E se divento sorda?
Lui – Non mi pare tu sia diventata muta...

Anonimo

2971. Ho un mio metodo per schiacciare le noci. Me ne appoggio una sull'ombelico, metto su un film di Jenna Jameson e... crack!

Paolo Burini

2972. Un'ex compagna di classe di Pamela Anderson ha dichiarato che al liceo non aveva affatto seno. Sono rimasto shockato: non potevo credere che Pamela Anderson si fosse diplomata.

Conan O'Brien

2973. Ancora un paio di settimane e il secondo mandato della presidenza Bush giungerà a termine. È triste sapere che Bush ha tenuto la sua ultima conferenza: noi del *Late Show* dovremo ricominciare a scriverci le battute di sana pianta.

David Letterman

2974. Bono, cantante degli U2, ha incontrato Bush alla Casa Bianca. Bono ha invitato il Presidente ad aiutare i poveri; Bush ha chiesto a Bono di tornare con Cher.

Tina Fey

2975. Ci vuole un'enorme sensibilità umana e artistica per diventare una rockstar, mentre un tenore deve essere bravo e basta.

Vasco Rossi

2976. Ah la musica! Che arte stupenda! Ma che miserabile professione!

Georges Bizet

2977. Questa mattina è arrivato il nuovo direttore dell'ufficio postale. Ha cominciato il discorso al personale dicendo: "Io mi rivolgo solo a chi ha voglia di lavorare..." A quel punto un mio collega si è alzato e gli ha detto: "Scusi, ma cosa cazzo ci ha chiamati a fare se non ha niente da dirci?"

Bruce Ketta

2978. "Non capisco, con tutto quello che ti ho fatto studiare, io mi chiedo perché non entri in banca?" "Semplice, mamma, perché le banche sono piene di telecamere!"

Luca Klobas

2979. Per legge, è obbligatorio accendere i fari quando piove in Florida. Ok, ma chi è che mi fa sapere quando piove in Florida?

Strange de Jim

2980. Io ci vedo talmente poco che quando c'è la nebbia sono contento perché, per una volta, parto alla pari con gli altri.

Bruce Ketta

2981. Non si può fermare il vento con le mani.

Seneca

2982. Quando volo, cerco sempre di volare Delta. E non prendo un centesimo da loro, per vostra informazione, ma il motivo per cui viaggio Delta è che pagano i piloti più di ogni altra compagnia negli Stati Uniti. E quando volo, voglio gente felice sull'aereo in cui viaggio.

Bob Newhart

2983. A Palermo siamo fissati col mangiare. Quando telefono e dico: "Mamma arrivo domani con l'aereo", non mi chiede: "A che ora?" ma: "Che cosa vuoi mangiare?"

Teresa Mannino

2984. In Europa ogni Paese ha la sua compagnia di bandiera, quindi è giusto che anche noi ce l'abbiamo. Il problema della compagnia di bandiera però è l'asta e, soprattutto, dove hanno intenzione di infilarcela.

Carlo Turati

2985. Ho scoperto che la compagnia aerea con cui stavo viaggiando non se la passava molto bene quando, all'atterraggio, il pilota ha chiesto ai passeggeri se avevano da prestargli un euro per far uscire il carrello.

Marco Del Conte

2986. Marge, bisogna essere in due per mentire. Uno mente e uno ascolta.

Homer Simpson

2987. Esistono cinque categorie di bugie: la bugia semplice, le previsioni del tempo, la statistica, la bugia diplomatica e il comunicato ufficiale.

George Bernard Shaw

2988. La tipica frase: "Ah, se io ho un difetto è essere sincero; io dico sempre quello che penso" merita la seguente risposta: "Ma dato che pensi delle cazzate, preferirei che tu fossi bugiardo".

Gioele Dix

2989. C'è più stupidità che idrogeno nell'universo. E ha una vita più lunga.

Frank Zappa

2990. Io sono uno accomodante: per natura tendo a dare ragione a tutti quelli che mi danno ragione.

Teo Guadalupi

2991. Dopo una vita virtuosa, a ottant'anni, proprio in punto di morte, violentò la suora, strangolò il chirurgo, incendiò la clinica. È la storia di una conversione miracolosa che Lucifero non può narrare senza che gli vengano le lacrime agli occhi.

Romano Bertola

2992. "Sei mai stato in Danimarca?" "Sì, stupenda. Specie il Vaticano." "Ma il Vaticano è a Roma!" "Andava tanto bene a Roma che ne hanno aperto uno in Danimarca..."

Woody Allen
(*Il dittatore dello stato libero di Bananas*)

2993. "Che periodo triste, Luisa." "Te credo: se uno non può vivere al di sopra dei propri mezzi, che cazzo vive a fare?"

Altan

2994. Come sarebbe bello scoprire un giorno che Berlusconi è solo un format della Endemol.

Franco Kappa

2995. I cattolici sono contro l'aborto e contro gli omosessuali. Ma chi fa meno aborti degli omosessuali?

George Carlin

2996. Benedetto XVI è veramente un papa mediatico, sta sempre in tv: l'altra sera verso mezzanotte mi metto a letto e accendo la tv e c'è il Papa che parla. Spengo e mi addormento. Il mattino appena mi sveglio accendo la tv e c'è il Papa che parla. Allora penso: "Ma non ho dormito un cacchio io, o non ha dormito un cacchio lui?"

Luca Klobas

2997. Una volta la televisione inquadrava. Oggi prende la mira.

Carlo Squillante

2998. Gigi Marzullo è un estremista del mediocre. Come un ragno che tesse trame d'insensatezza, Marzullo si è costruito la sua invitante nicchia.

Aldo Grasso

2999. Ogni volta nel sogno ero sistematicamente il vincitore dell'ultima edizione di *Amici*. Poi mi svegliavo, schiarivo la voce ed ero invece perfettamente in grado di cantare.

Antonio De Luca

3000. A Milano in inverno fa tanto di quel freddo che in strada congelano pure le macchine. Lo scorso inverno la mia macchina era tutta congelata, l'ho scongelata, ma il giorno dopo l'ho buttata.

Francesco Rizzuto

3001. Era un rapinatore avaro. Rapinava solo i ciechi per risparmiare sul passamontagna.

Boris Makaresko

3002. Semo de la confraternita de Capocotta, arrestiamo li fiji de 'na mignotta!

Nico Giraldi
(Tomas Milian in *Squadra antifurto*)

3003. Il genio è la capacità di vedere dieci cose laddove l'uomo comune ne vede solo una, e dove l'uomo di talento ne vede due o tre.

Ezra Pound

3004. A scuola era sempre la solita storia: loro mi interrogavano, e io prendevo tre. Loro mi interrogavano nuovamente, e prendevo tre. A volte ero così bravo che prendevo tre senza essere interrogato. Però sdrammatizzavo. Perché, sembra poco, ma io col tre sto. Perché la professoressa, essendo di mano, può sballare da un momento all'altro. E poi si sa che con il tre e con il quattro si sta. Perché il quattro porta sette. E comunque a scuola ho sempre sdrammatizzato. Tanto è vero che all'esame di maturazione, quando la commissione m'ha chiesto: "Ehi tu! Quand'è che un organismo si può definire unicellulare?" io subito: "Quando c'ha un telefonino solo!"

Enrico Brignano

3005. So come sconfiggere la dipendenza dal gioco a Las Vegas. Quando scendi dall'aereo, cammina in direzione delle turbine.

Henny Youngman

3006. Una mia amica ha ammesso che si masturba. Ha detto che usa un tubetto di dentifricio. Vi rendete conto con che cosa dobbiamo competere? Non solo le dobbiamo far godere, ma dobbiamo anche combattere la placca.

Nick DiPaolo

3007. Intervista a 360 gradi a Pavel Nedved: "Da ragazzino mi dicevano: non masturbarti, se no diventi italiano".

Marco De Carli

3008. Adriano dal Brasile: "Ho sempre creduto a questo scudetto dell'Inter. Tenete conto che ho iniziato a brindare a settembre".

Gene Gnocchi

3009. La Polizia in Messico ha trovato un furgone con le porte e i parafanghi imbottiti di cocaina. I poliziotti si sono insospettiti quando il guidatore, dopo un piccolo incidente, ha chiesto due milioni e mezzo di dollari in danni.

Jay Leno

3010. Sapete una cosa? A noi neri non ci fanno più sedere in fondo agli autobus: si sono accorti che la maggior parte degli incidenti accade davanti.

Sammy Davis Jr

3011. La gente fa cose strane quando è annoiata. L'altro giorno ero a casa a far niente, così ho guardato i gatti e mi sono detto: "Insegno ai gatti il wrestling". Non si dovrebbe mai insegnare ai gatti il wrestling, ma nel caso voleste, ecco come fare: prendete due gatti. Massaggiate energicamente tutto il corpo del gatto numero uno con dell'erba gatta. Mettetelo vicino al gatto numero due. Il resto più o meno va da sé.

Basil White

3012. Un'azienda giapponese offre un interprete che può tradurre cosa sta dicendo il vostro gatto. Posso già dirvi io che sono solo due cose: "Dammi da mangiare" e "Vattene".

Jay Leno

3013. Alla mensa delle Poste si mangia così male che negli angoli, invece del veleno per i topi, mettono il piatto del giorno.

Bruce Ketta

3014. Per quanto mi riguarda sto lontano da tutti i cibi naturali. Alla mia età ho bisogno di tutti i conservanti che posso assumere.

George Burns

3015. A Palermo per ogni passeggero atterrato ci sono almeno dodici parenti che lo aspettano: nonna, nonno, zie, nipotini... che alla fine, quello che è appena arrivato in macchina non ci sta e si deve prendere il taxi.

Teresa Mannino

3016. Dimenticherò mai la sera del nostro debutto? Lo spero. Cerco da anni di dimenticarla. Era una serata di gala. Quante rose, quanti tulipani, quanti alti papaveri. I critici c'erano tutti. Anzi, si erano trasformati tutti quanti in critici. Severissimi. Io suonavo il sassofono. Fu allora che commisi il mio primo grande errore. Tutti quegli applausi mi avevano certo dato alla testa. Quindi nel secondo pezzo, anziché suonare il sassofono davanti al microfono, suonai il microfono davanti al sassofono.

Groucho Marx

3017. I gruppi musicali di oggi hanno dei nomi veramente strani. Sapete come si chiamano i gruppi di oggi? Sottotono, Negramaro, Mondomarcio, Tiromancino, Zero Assoluto! Minchia che allegria! Ci manca solo Frontalecon Untir e stiamo a posto.

Pino Campagna

3018. Aiutiamo l'ambiente: gettiamo Marco Carta nella raccolta differenziata.

Gruppo di Facebook

3019. Ma Max Gazzè, chi gazzè?

Riccardo Nisini

3020. Vorrei essere Mango solo per poter avere in macchina un arbre magique con il mio odore.

Dario Alesani

3021. Riesce a stonare anche quando parla!

Francesco Salvi

3022. Dov'è che tiravano le testate le falene, prima che inventassero le lampadine?

Bill Hicks

3023. Tu farfalla volteggievole,
la tua vita dura un attimo,
dalla sera al mattino,
poche ore per fare un bilancio critico di chi siamo,
cos'è la vita e per parlare un inglese scorrevole,
un attimo fuggievole,
uno sbattito di ciglia
e proprio sul sugo del mio rigatone
ti vai a appoggià?

Brunello Robertetti (Corrado Guzzanti)

3024. Ogni mattina un leone si sveglia e comincia a correre. Ogni mattina una gazzella si sveglia e comincia a correre. Ogni mattina solo uno di loro entrerà in bagno per primo.

Guido Penzo

3025. Io non riesco ad accettarmi. Non trovo giusto che al mondo esistano persone così eccezionali come me.

Michele Leoni

3026. Quando mio figlio nacque, tutti dissero che mi somigliava moltissimo. Poi l'infermiera lo girò nel verso giusto.

Boris Makaresko

3027. Mia figlia non è una bellezza, tutta mio marito: le manine piccole, i piedini piccoli, ma una testa enorme. Quando è nata, pensavo di aver partorito un palombaro nano. Anche le magliette gliele infilavo dai piedi.

Viviana Porro

3028. Cara, che puoi temere dopo aver visto me?

Woody Allen (*Amore e guerra*)

3029. Al pranzo degli strabici ognuno mangiò dal piatto del vicino.

Carlo Squillante

3030. Ci sono dei momenti in cui non si dovrebbe mai limonare. Quando si è malati. Quando si è con dei bambini. Quando si è sul banco degli imputati.

Joyce Jillson

3031. La gente crede a qualunque cosa, se gliela si bisbiglia.

Herbert V. Prochnow

3032. Come va? Bene. Oggi ho visto in vetrina il nuovo libro di Bruno Vespa. E ho avuto una sensazione di sollievo. Non conosco nessuno che possa regalarmelo.

Marco Vicari

3033. Quando leggo dei danni che fa il bere, smetto di leggere.

Henny Youngman

3034. "Mi faccia un biglietto Milano – New York solo ritorno." "Come sarebbe a dire *solo ritorno*?" "Sa, temo di non avere abbastanza soldi, e non vorrei restare bloccato là!"

Francesco Salvi

3035. Il vero problema è che sulle strade in agosto sbucano fuori tutti gli automobilisti che guidano soltanto in agosto. Sulla foto della patente hanno il cappello di paglia e le infradito. Non è neanche una patente, è una summer card.

Gioele Dix

3036. New York è una città esaltante dove capita sempre qualcosa a qualsiasi ora; la maggior parte di queste cose resta irrisolta.

Johnny Carson

3037. Ho fatto la scuola per artificieri. Per evitare il compito in classe, la mattina telefonavamo dicendo che nella scuola non c'era nessuna bomba!

Furio Ombri

3038. C'erano oltre tremila cani al concorso canino di Westminster. Ma la sicurezza è stata raddoppiata dopo questa telefonata minatoria: "Miao, miao, miao, miao".

Jay Leno

3039. La religione va bene negli ospedali. Dio gode di una certa popolarità in posti del genere.

Charles Bukowski (*A sud di nessun nord*)

3040. Auto: per conquistare il mercato cinese, nel prossimo spot Fiat Richard Gere investirà il Dalai Lama.

Marco Vicari

3041. Gli Oscar sono un momento particolare a Hollywood. È il momento in cui le celebrità si prendono una pausa dall'adorare Barack Obama e trovano il tempo per adorare loro stessi.

Bill Maher

3042. L'intero cast di *Slumdog Millionaire* era presente agli Oscar. Ha vinto come miglior film, come tutti si aspettavano. Era il grande favorito. Girava voce che avrebbe perso solo se avesse scelto Sarah Palin come vice.

Jimmy Kimmel

3043. Bill Clinton è stato uno speaker del summit sul Riscaldamento Globale. L'ex Presidente si è dichiarato molto preoccupato per lo stato del pianeta. Infatti, questa settimana, un altro pezzo di ghiaccio si è staccato da sua moglie.

David Letterman

3044. Sapete quali sono le quattro parole che non vorreste mai sentire quando state facendo l'amore? "Tesoro, sono a casa!"

Ken Hammond

3045. Ieri, nella Virginia Occidentale, un uomo è stato arrestato per aver rubato numerose bambole gonfiabili. Secondo i rapporti, la polizia non ha avuto nessun problema ad acciuffare il ladro, che era completamente senza fiato.

Conan O'Brien

3046. Questi robot sono svelti e sempre pronti. Io sono stato con donne che si muovevano meno.

Woody Allen (*Il dormiglione*)

3047. Quest'anno a Natale sono andati di moda i regali del futuro: tanti bigliettini con su scritto: *Te lo farò, te lo farò, te lo farò...*

Giovanna Donini

3048. È Natale. Sono indeciso se sentire un grande senso di fratellanza o andare a sciare a Cortina.

Altan

3049. Capodanno: grave un leader leghista per un botto illegale. Dovrà smettere di fare politica: ha perso entrambi i diti medi.

Marco Vicari

3050. Il mio profumo è il sandalo. Quando me lo tolgo.

Mago Oronzo (Raul Cremona)

3051. Gli uomini non si lavano mai; se gli dici: "Amore, ma non te la fai la doccia?" "No, tanto domani vado in piscina", oppure: "No, io mi lavo a pezzi". "Ecco, giusto per sapermi regolare, oggi che pezzo hai scelto?"

Teresa Mannino

3052. L'ottimista è un uomo che, senza una lira in tasca, ordina delle ostriche nella speranza di poterle pagare con la perla trovata.

Ugo Tognazzi

3053. Adoro i gay. Amo i miei amici gay da morire. Quando ero piccola, esprimevo sempre il desiderio di essere circondata da ragazzi bellissimi. E ora lo sono. Solo che avrei dovuto essere un po' più specifica nella mia richiesta.

Margaret Cho

3054. Truman Capote dice che può avere chiunque voglia. Io non voglio chiunque posso avere.

Andy Warhol

3055. L'autrice di *Harry Potter* J.K. Rowling ha dichiarato che potrebbe scrivere un romanzo con Harry adulto. Quando le è stato chiesto il perché, ha risposto: "Perché al mondo ci sono ancora dei soldi che non sono miei".

Conan O'Brien

3056. Lui è stata la cosa più bella che ho avuto nel letto dopo le lenzuola dei Simpson.

Viviana Porro

3057. Mio zio è il contadino più ricco della zona: ha lo spaventapasseri vestito Armani.

Federico Basso

3058. Prof – Dimmi un sinonimo di *to sleep*.
Studente – *To boxer*.

Smemoranda Brothers & Sisters

3059. Prof – *What kind of books you read?*
Studente – *Yellow.*

Smemoranda Brothers & Sisters

3060. Arnold Schwarzenegger si è ispirato a George W. Bush, il quale ha dimostrato come si possa essere un politico di successo nel nostro Paese anche quando l'inglese non è la tua lingua madre.

Conan O'Brien

3061. Perche gli uomini scelgono sempre le donne che piangono senza ragione e impiegano tre ore per vestirsi?
Non c'è altra scelta.

Mim (Aenigmatica.it)

3062. In Inghilterra si mangia talmente male che il McDonald's lo trovi sul Gambero Rosso.

Bruce Ketta

3063. Pomeriggio del 31 dicembre. Il proprietario di uno dei più famosi ristoranti in città riceve la chiamata dell'agenzia musicale: "Ci dispiace molto, ma l'orchestra che stasera doveva suonare da lei si è sciolta". "Cosa? E quindi? Come intendete sostituirli? Io ho un veglione con quattrocento persone!" "Sì, sappiamo che lei ha un locale con molte persone, ma per ora non abbiamo trovato un'orchestra libera per stasera." "Ma siete pazzi? Mi volete rovinare? Io vi denuncio..." "Guardi, le manderemo la migliore soluzione che avremo trovato." Dopo qualche ora, si presenta al locale un duo fisarmonica e basso tuba. Il proprietario minaccia fuoco e fiamme, ma non c'è nulla da fare. Loro sono gli unici che non avevano un impegno per il veglione di San Silvestro. La festa inizia e il gruppo si mostra ampiamente all'altezza della situazione. Molti clienti dicono al proprietario che il duo è una delle migliori orchestre che hanno mai ascoltato e altrettanti clienti lasciano abbondanti mance per il duo. I due suonano per tutta la festa, senza pause né interruzioni, senza mai ripetere un brano a meno che non sia richiesto dal pubblico. Alla fine della festa il proprietario si presenta ai due eroi con una grossa busta contenente l'ingaggio e le mance: "Ragazzi, voi mi avete salvato! Siete la migliore orchestra che ho mai avuto! Avete già degli impegni per l'anno prossimo?" I due si guardano e il fisarmonicista dice: "Veramente no, siamo liberi". "Bene, allora ci vediamo al prossimo San Silvestro!" I due fanno per andare via, quando il tubista torna indietro e dice: "Mi scusi, visto che tra un anno siamo qui da lei, non avrebbe un ripostiglio dove posso lasciare il basso tuba?"

Citata da Andrea Conti

3064. Il fatto è che siamo superficiali. Prendete me: non sono bello, ma sono simpatico. Purtroppo nessuna andrebbe a letto con una balena che racconta barzellette.

Daniele Raco

3065. Sono venuto in Italia perché volevo diventare un grande artista. Forse perché fin da piccolo mia madre mi diceva: "In Italia avrai un futuro, figlio mio. Quello è il Paese dei grandi: Leonardo, Michelangelo, Raffaello! Vai, figlio mio, e diventa anche tu una tartaruga ninja!"

Pablo Scarpelli

3066. Un bambino a tre anni è sempre felice perché è single.

Paolo Migone

3067. Ho detto a mia madre: "Hai visto? C'è stato il ciclone in Birmania". E lei: "A proposito, devo togliere i panni da fuori..."

Peppe Iodice

3068. In casa di mia mamma ogni cosa c'ha il centrino. Il letto, il comò, la televisione c'hanno il centrino. Il telecomando ce l'ha, ce ne ha dieci: dove lo metti, lo metti bene. A casa di mia mamma ogni cosa che sta ferma c'ha il centrino. Mia nonna gli è venuta una paresi: le hanno messo il centrino.

Enrico Brignano

3069. Le donne ci ispirano a fare grandi cose e ci impediscono di ottenerle.

Alexandre Dumas

3070. I trans si riconoscono da tre particolari: le spalle, il pomo d'Adamo e il cazzo.

Paolo Burini

3071. Ieri notte ho conosciuto una ragazza che aveva qualità sorprendenti: bella, simpatica, ironica, intelligente. Quando ho scoperto che era un trans, ho tirato un sospiro di sollievo.

Daniele Raco

3072. Quando Dio distrusse Sodoma tutti capirono che non era mai stato a Mykonos.

Alessandro Fullin

3073. Ho un amico così scemo che crede che tutte le cubiste vengano da Cuba.

Marco De Carli

3074. Perché il ginecologo esce dal suo studio quando una donna si spoglia?

Peter Kay

3075. I giovani vorrebbero essere fedeli, e non lo sono. I vecchi vorrebbero essere infedeli, e non possono esserlo.

Oscar Wilde

3076. Mi piacciono gli yorkshire terrier. Sono ideali per lavare la macchina. Entrano perfettamente nel secchio, il che è impagabile. “Tieni il fiato!” *Swoosh*! Poi uno li asciuga col phon, gli infila un bastone nel sedere, e ci spolvera i mobili.

Billiam Coronel

3077. Avete mai notato che quando soffiate sul muso di un cane, si incazza, ma quando lo portate in macchina, mette sempre la testa fuori dal finestrino?

George Carlin

3078. Se fossi cane, bao.
Se fossi gatto, miao.
Se fossi tardi, ciao.

Brunello Robertetti (Corrado Guzzanti)

3079. Per il principiante, la cosa più buffa al mondo è un uomo vestito da vecchietta, che precipita giù lungo una discesa su una sedia a rotelle e si schianta contro un muro in fondo alla discesa. Ma per far ridere un professionista, deve essere una vera vecchietta.

Groucho Marx

3080. Meno sappiamo, più sono lunghe le nostre spiegazioni.

Ezra Pound

3081. Se davvero vuoi ottenere qualcosa in questa vita, devi lavorare duro per ottenerla. Ora, zitto! Stanno per annunciare i numeri del lotto!

Homer Simpson

3082. "Babbo ma è vero che anche gli uomini sono animali?" Certo, anche se sono animali un po' speciali: si distinguono dagli altri perché riescono a ragionare, a pensare e a fare delle cose particolari, tipo il fantacalcio."

Furio Ombri

3083. Ho vinto un soggiorno a Parigi, ma non ho un furgone per andare a ritirarlo.

Silverdolphin

3084. Le due più grandi invenzioni dell'uomo sono il letto e la bomba atomica: il primo ti tiene lontano dalle noie, la seconda le elimina.

Charles Bukowski (*Storie di ordinaria follia*)

3085. Il lavoro duro ti ricompenserà in futuro. La pigrizia lo fa adesso.

Steven Wright

3086. Lo so che il lavoro non ha mai ammazzato nessuno, ma perché rischiare di essere la prima vittima?

Marco Abitrante

3087. Son contento di morire, ma mi dispiace.

Ettore Petrolini

3088. E quando lei: “Ma teeee... Sei un materialista schifoso. Ad esempio, ci credi o no che c’è vita dopo la morte?” Lui: “Dopo la tua di sicuro”.

Stefano Bellani e Antonio De Luca

3089. Perché non mi sono mai sposato? Perché se volevo un controllore, facevo il treno.

Marco Del Conte

3090. C’è un unico motivo per stare in coppia: quando si è costretti a salire su un’arca.

Alessandro Fullin

3091. Appartengo a una famiglia di bestemmiatori da generazioni: un mio avo fu querelato da Gesù Cristo in persona.

Marco Del Conte

3092. Non credo nella vita dopo la morte, quindi non devo passare la vita a temere l’Inferno o il Paradiso. Perché quali che siano le torture dell’Inferno, penso che la noia del Paradiso sarebbe anche peggio.

Isaac Asimov

3093. La gente è ossessionata dalle mode fin dai tempi del Paradiso Terrestre. Quando Eva ha guardato Adamo, gli ha detto: "Adamo, quella foglia di fico è così della scorsa stagione!"

Dennis Miller

3094. Ho comprato una macchina con climi selezionabili per i vari posti dell'abitacolo. Ieri ho messo l'aria calda davanti e molto fredda nei posti dietro. Ha cominciato a piovere nel bagagliaio.

Federico Basso

3095. Prima è uscita l'auto con un airbag, poi due, poi quattro airbag. Ora ci sono auto che contano anche dodici, tredici airbag. Ma che cosa hanno intenzione di fare, di salvare la vita anche a mia suocera?

Mirco Zilio

3096. Non mi vergogno a dirlo: sono stato parecchi anni in analisi. Solo che è troppo cara: cento euro per un'ora sul lettino. Quest'estate a Forte dei Marmi per la stessa cifra mi davano anche l'ombrellone.

Diego Parassole

3097. La psicanalisi è davvero alla frutta. Ho conosciuto questo terapista, giorni fa. Tenta di convincermi in tutti i modi ad andare in cura da lui. "Perché mai?" gli rispondo: "Io sono felice!" E lui: "E non sente il bisogno di comprendere le ragioni di questa sua felicità?"

Francesco Vespa

3098. Se anche mi persuadi, non mi convinci.

Aristofane

3099. Tempo fa, per tirarmi un po' su, mi sono iscritta a un corso di autostima dove mi hanno consigliato di fare dell'autoipnosi. È semplice, mi hanno detto di fare questo esercizio tutte le sere: mi devo mettere davanti a uno specchio e ripetere: "Sono come Alessia Marcuzzi, sono come Alessia Marcuzzi". Io l'ho fatto; qualcosa sta succedendo: in generale non mi vedo molto diversa, però adesso vado di corpo con grande puntualità.

Claudia Penoni

3100. Quando mi sento sola, chiamo quelli del 190. Ormai l'hanno capito che lo faccio solo per chiacchierare, visto che mi rispondono: "E adesso in che cazzo possiamo esserle utili?"

Giovanna Donini

3101. Se non sai la differenza tra un cucchiaio e un mestolo, sei grasso.

Demetri Martin

3102. Da quando sono apparso a *Zelig*, tutti mi cercano. Il sindaco della mia città ha voluto che prendessi parte al presepe vivente. Ho fatto la Palestina.

Daniele Raco

3103. Oggi è stata una pessima giornata. Ho scaricato la mia ragazza. Da un sito porno…

Paolo Burini

3104. Gente, che notte che ho passato! La mia bambola gonfiabile è scappata con il mio materasso ad aria.

Drew Carey

3105. Ah, le donne… Se non ci fossero, bisognerebbe gonfiarle!

Mister Forest

3106. Mike – Hai trovato lavoro?
Victor – Sì, in un locale di striptease, io aiuto le ragazze a spogliarsi e a vestirsi.
Mike – Simpatico.
Victor – Venti franchi a settimana.
Mike – Non sono molti.
Victor – È quanto posso spendere.

Woody Allen

3107. Io adoro le mutande alte. Questi perizomi saranno belli, ma si intromettono troppo negli affari tuoi.

Viviana Porro

3108. Stavo facendo l'amore con questa ragazza e lei comincia a piangere. Le ho chiesto: "Domani mattina ti odierai per questo?" Ha risposto: "No, mi odio già adesso".

Rodney Dangerfield

3109. "Petrektek, ricordi la prima volta nel fienile?"
"Certo che mi ricordo: urlavi di piacere in continuazione."
"Non era piacere. È che ero sopra al forcone."

Petrektek e Cripstak
(Leonardo Manera e Claudia Penoni)

3110. "Disoccupazione giovanile in aumento, onorevole."
"Ma dio bono, non invecchiano mai?"

Altan

3111. Oggi sono andato dal medico e gli ho detto che parlo nel sonno. Lui mi ha risposto che non è grave, ma anche se non è grave, a me dà fastidio che in ufficio tutti sentano i cazzi miei!

Bruce Ketta

3112. Sono siciliana, è vero. Ma mi sento tanto milanese dentro: faccio tutto in fretta. Al mattino, per esempio, mi alzo e non ci metto neanche un minuto ad essere già stanca.

Maria Cannata

3113. Il film *Titanic* l'ho visto otto volte. Volevo accertarmi che Di Caprio fosse annegato per davvero.

Gigi Saronni e Bruno Furnari

3114. La prossima settimana, il rapper Ice-T farà un concerto in beneficenza per il vescovo Desmond Tutu. Si chiamerà: "T for Tutu".

Jeffrey Ross

3115. Come si fa, facendo jazz, a morire con un milione di euro? Basta aver cominciato con due milioni di euro.

Citata da Andrea Conti

3116. Nell'industria musicale c'è un nuovo flagello che deve essere fermato. Parlo del fatto di spendere i vostri sudati soldi per vedere in concerto la vostra band preferita, che ha il coraggio di non suonare le proprie più grandi hit. A volte questi vecchi rockers, come i Rolling Stones, vi rovesciano addosso un medley aggiustato con cinque accordi di *Brown Sugar,* per far posto a tutte le canzoni del nuovo album. Quando la band presenta il prossimo pezzo: "Ecco una cosetta dal nostro nuovo album", perché non dicono semplicemente: "Potete alzarvi tutti quanti e andare pure in bagno".

David Spade

3117. Le mie amiche si lamentano degli uomini. Una mi ha detto: "Sono uscita con questo ragazzo, ma voleva venire a letto con me dopo cinque appuntamenti". Le ho risposto: "No, voleva venire a letto con te dopo il primo appuntamento. A dir la verità, probabilmente voleva venire a letto con te prima del primo appuntamento, ma ha pensato che una gita in una tavola calda potesse scaldare l'atmosfera".

Mike Birbiglia

3118. "Fabio, non sei cambiato per niente" "Io no, e tu? Sempre cinquanta euro?"

Renato Trinca

3119. Ho circa 17mila dollari nel mio materasso. Penserete che avere quella cifra mi farà dormire meglio, la notte. Non è affatto vero: sono tutti in monetine.

Rowan & Martin's Laugh-In

3120. Fare ogni giorno due cose che non mi piacciono è un principio che ho sempre seguito scrupolosamente: ogni giorno mi sono alzato e sono andato a letto.

William Somerset Maugham

3121. Non ci posso fare niente: questi sono i miei princìpi. Però, se non ti piacciono, ne ho pure altri.

Groucho Marx

3122. Quando il saggio indica la luna, l'idiota guarda il dito. Ma al terzo idiota il saggio si scoccia, abbassa l'indice e alza il medio.

Giorgio Melazzi

3123. Ho trent'anni portati molto bene, quello che mi rovina sono un'altra quindicina portati di merda.

Furio Ombri

3124. Ho fatto un bilancio della mia vita. Speriamo non mi capiti un'ispezione della finanza.

Altan

3125. Questa mattina in ufficio un mio collega mi ha detto: "Uh, guarda come dorme Nicola!" E io gli ho risposto: "E tu mi svegli per dirmi una minchiata del genere?"

Bruce Ketta

3126. Ruppe con me quando scoprì che andavo a letto con lei.

Brian McCormick

3127. Mi piace essere messo a letto, ma non mi piace rimanere solo dopo la favola.

Andy Warhol

3128. Come diceva il mi' nonno: "Da quando hanno inventato il bidet, la passera non sa più di nulla".

Sergio Sgrilli

3129. “Scusa Signò ma finché c'è quella io non posso stare. Quando ha finito di lavorare, tua suocera non ha voluto che mi lavava nell'acquario tuo, me l'ha impettito!” “L'acquario? Scusa Ariel, ma tu ti lavi nel mio acquario?” “Sì Signò, sempre. C'è la fontanella là.” “Ma quell'acqua è per i pesci.” “Io mica gliela beve, io me lava solo...” “Ma perché non ti lavi in bagno?” “Pecché il bagno lo pulisce io! Che fa: prima lo pulisce e poi lo sporca!?”

Ariel (Marco Marzocca)

3130. Gli addetti alle pulizie dei gabinetti difficilmente occupano per protesta i loro luoghi di lavoro.

Carlo Squillante

3131. E quando lei: “Ma teeee... Hai visto come mi ha tampinato tutta la sera quel tuo amico veterinario? E se mi chiedesse di scappare con lui?”
Lui: “Gli offro un Montenegro”.

Stefano Bellani e Antonio De Luca

3132. Si è staccato dall'Antartide un pezzo di ghiaccio di quattrocento chilometri quadrati. Sta vagando alla ricerca di quattrocento chilometri di whisky.

I Maceta (Siro e Luca Mantovani)

3133. So quello che vogliono gli uomini. Vogliono essere vicinissimi a qualcuno che li lasci in pace.

Elayne Boosler

3134. Dopo l'omicidio di Perugia e il tamtam dell'informazione, ormai è psicosi Erasmus. Oggi un universitario ha chiesto ai genitori di andare in Erasmus e i genitori gli hanno risposto: "Ma non puoi uccidere coetanei nel tuo Paese come tutti gli altri?"

Marco Vicari

3135. Ci sono due cose nella vita per le quali non saremo mai preparati: i gemelli.

Josh Billings

3136. A chiunque sia in grado di farsi eleggere Presidente non dovrebbe essere permesso in alcun modo di fare quel lavoro.

Douglas Adams

3137. Veltroni ha chiesto pubblicamente ai mafiosi di non votare per il Partito Democratico e ha sfidato Berlusconi a fare altrettanto. Berlusconi ha raccolto la sfida e anche lui ha chiesto pubblicamente ai mafiosi di non votare Partito Democratico.

Sandro Simone

3138. Illuminate quelli che si fanno imbrogliare e non ci saranno più imbroglioni.

Jean Eugène Robert-Houdin

3139. Siamo tutti dei falliti, almeno i migliori di noi.

James Matthew Barrie

3140. Non negoziamo mai per paura, ma non abbiamo paura di negoziare.

John Fitzgerald Kennedy

3141. Con Silvio al Governo nel 2004, si son persi i Mondiali di calcio negli Stati Uniti ai rigori col Brasile. Con Silvio al Governo nel 2008 si son persi gli Europei con la Spagna ai quarti. Con Prodi al governo nel 2006 Campioni del mondo! Beh, i campionati del 2010 in Sudafrica si avvicinano: che si fa?

Enrico Bertolino

3142. Non sono molto esperto di politica. Quando vado a votare, se penso che in Emilia e Romagna vinca Berlusconi, invece della X metto il 2.

Leonardo Manera

3143. Avrei un'interessante storia da raccontare, riguardo me, mia madre e i suoi continui moniti a non accettare caramelle dagli sconosciuti. Ma è già tardi e io devo ancora fare la dialisi.

Francesco Vespa

3144. Un frutto è una verdura con il look e i soldi. In più, se lasciate marcire la frutta, diventa vino, cosa che i cavolini di Bruxelles se la sognano.

P.J. O'Rourke

3145. Nei ristoranti giapponesi, dove servono il pesce crudo, anche i pesci dell'acquario sono molto belli, ma hanno sempre un'aria preoccupata.

Dado Tedeschi

3146. Io, che all'Ikea ci ho lavorato tre mesi, per tre mesi mi sono nutrito solo di salmone. La prima volta che sono tornato a Venezia e, ubriaco, sono caduto in acqua, ho risalito il Po fino a Pavia!

Luca Klobas

3147. Ho comprato un nuovo tostapane. Ho aperto la scatola e sono saltate fuori le istruzioni per fare i toast. Penso che se non sai come fare un toast, non dovresti avere nulla a che fare con l'elettricità. Dovresti solo mettere una fetta di pane su una roccia e pregare per una giornata di sole.

Eileen Budd

3148. Pinodeipalazzi è ignorante. Ieri al motocross uno si è impastato e lui mi fa: "Kala, che numero devo fare per chiamare il 118?"

Giancarlo Kalabrugovic, Carlo Turati
e Alessio Tagliento

3149. Prof – Cos'è per te un fattore di potenza? Un contadino della Basilicata?

Smemoranda Brothers & Sisters

3150. È talmente sozzo che se si prende le piattole sono loro a grattarsi.

Boris Makaresko

3151. Poi non si capisce perché gli uomini si lamentano del fatto che noi stiamo troppo in bagno... ma perché noi ci laviamo; per loro la doccia è un evento straordinario da fare solo in caso di vittoria della Champions League. Figuratevi gli interisti!

Teresa Mannino

3152. Ci sono alcuni che sotto la doccia cantano. Li riconosci dall'odore. Lavarsi pare brutto?

Furio Ombri

3153. Quando avevo sei anni, volevo essere un cuoco. Quando ne avevo sette, volevo essere Napoleone. Da allora la mia ambizione è cresciuta in maniera costante.

Salvador Dalì

3154. Tra me e Rudyard Kipling copriamo tutto il sapere; lui sa tutto quello che si può sapere, e io so il resto.

Mark Twain

3155. Sono sempre stata una bambina sveglia e vivace. A soli nove anni, ho scritto una lettera a Babbo Natale: "Passa per Amsterdam... Fai tu..."

Giovanna Donini

3156. “Credo di essere mezza santa e mezza vacca.” “Scelgo la metà che dà il latte.”

Woody Allen (*Amore e morte*)

3157. Non tutti sanno che... “Ferisce più la penna che la spada” era il motto di Edward Bulwer-Lytton. “Scrive più la spada che la penna” era il motto di Zorro.

Francesco Vespa

3158. Oltre alla Z, Zorro può anche lasciarsi alle spalle il numero 2. Può anche fare la N, ma dev’essere sdraiato su un fianco.

David Letterman

3159. Quando trovo il cartello “Tutte le direzioni” penso: ma per chi mi avete preso, per Batman, che vado da tutte le parti contemporaneamente?

Gioele Dix

3160. Morto il barbiere, la barba si allunga.

Totò

3161. Non puoi far crescere l’erba tirandola.

Proverbio cinese

3162. I cinesi avrebbero dovuto produrre più vasi e meno proverbi.

Alessandro Fullin

3163. Sai qual è il proverbio più in voga in Cina? “Un involtino non fa primavera”.

Viviana Porro

3164. Due kimono fanno un kistereo.

Riccardo Nisini

3165. Se il futuro è nella miniaturizzazione, tu sei così avanti che hai cominciato dal pisello.

Carlo Turati

3166. La mia nuova ragazza, vedendomi nudo sul letto, mi ha detto: “Ma è piccolo!” “No! Non è piccolo: ho avuto troppe donne, consumato è!” E lei: “Sì, sì… si è consumato mano a mano”.

Salvo Spoto

3167. Non vestite i vostri figli da 0-12, cresci con quello 0-12 nella testa. Chiaro che il maschio italiano poi passa la vita a misurarselo.

Daniele Raco

3168. I vecchi credono a tutto; le persone di mezza età sospettano di tutto; i giovani sanno tutto.

Oscar Wilde

3169. Si è giovani solo una volta ma si può rimanere immaturi per sempre.

Dave Barry

3170. Non preoccuparti se la tua donna ti ha lasciato, ne incontrerai un'altra e ti lascerà anche lei.

Daniele Raco

3171. Mio figlio è gay. Avrei dovuto intuirlo. Quand'era bambino, mio marito gli ha regalato il gioco "Il Piccolo Falegname" e lui ci ha costruito la casa della Barbie...

Viviana Porro

3172. Barbie ha cinquant'anni: adesso la Mattel dovrà venirsene fuori con la Barbie Divorziata, la Barbie in Crisi di Mezza Età. Gli accessori saranno la casa di Ken, l'auto di Ken e la barca di Ken.

Grace White

3173. Se una critica si può muovere a Umberto Eco, è che si ripete.

Carlo Squillante

3174. Visto che Dio perdona, penso che dovrei farlo anch'io.

Andy Warhol

3175. Come mi immagino Dio? Capelli bianchi, barba lunga e niente uccello.

Charles Bukowski (*Musica per organi caldi*)

3176. Una volta chi ti citofonava erano o i testimoni di Geova o i rappresentanti della Folletto. Sarà perché siamo in crisi e tutti sono costretti a fare un doppio lavoro, ma ieri mi ha citofonato uno e mi ha detto che se non compravo un aspirapolvere arrivava la fine del mondo!

Luca Klobas

3177. La Chiesa cattolica ha detto molte verità, ma l'idea geniale è stata dirle da un balcone.

Alessandro Fullin

3178. Sono in pensione per conto di Dio!

Fabio Treves

3179. Leonardo: "Nessun imbarazzo per l'interferenza di Berlusconi sulla formazione del Milan. Lui ha le sue idee e io le sue".

Gene Gnocchi

3180. Quando Chuck Norris sanguina in mare, gli squali bianchi accorrono con i cerotti.

Mist e Dietnam
(*Chuck Norris ha aperto quella porta*)

3181. Mi piace la bistecca al sangue, la mangio talmente al sangue che quando la taglio le metto i cerotti.

Francesco Rizzuto

3182. Le foche sono eccezionali con le palle, e non c'è una ragione in proposito. Non esistono palle nell'Artico, né nell'Antartide. Palleggiano per ore, sono davvero fenomenali! Magari molti altri animali sarebbero in grado di fare cose altrettanto insospettabili. Tipo le tigri: potrebbero essere bravissime a suonare il banjo.

Eddie Izzard

3183. Se il giaguaro è l'animale più veloce della terra, qual è l'animale più veloce in acqua? Facile: il tonno insuperabile!

Andrea Vasumi

3184. Perché quando si tratta di noi, è un aborto, e quando si tratta di un pollo, è un'omelette?

George Carlin

3185. Cosa fai pazzo scienziato!
Perdi tempo a mescolare i genetici,
mi fai la fragola pomodoro,
ti accanisci sul melone e sulla melanzana,
ti attardi sull'insalata e sulla carota come un dio impazzito,
ma quanto devo aspettare 'sto gelato di pollo?

Brunello Robertetti (Corrado Guzzanti)

3186. Mi stupisce quando sento che le vittime di un incidente aereo sono talmente mutilate e irriconoscibili al punto da venire identificate in base al calco dentale. Quello che non capisco è: se non sanno chi sei, come fanno a sapere chi è il tuo dentista?

Paul Merton

3187. New York pullula di potenziali rapinatori, potenziali scippatori, potenziali degenerati, potenziali assassini. Si vedono pochissime vittime potenziali.

Andy Warhol

3188. Il crimine a New York è ai minimi storici, in questi giorni. Peccato, perché mi manca il caffè gratis che mi davano quando guardavo quegli album di foto segnaletiche.

David Letterman

3189. Ho capito che avevo vissuto troppo a lungo a New York quando, alcuni anni fa, mi trovavo sulla metro in direzione downtown e a un certo punto si è bloccata alla fermata sulla Quattordicesima Strada. Alla stazione, le porte si sono aperte e il guidatore ci ha comunicato che c'era una bomba a bordo e che dovevano evacuare la metro immediatamente. Io e un altro passeggero ci siamo guardati negli occhi. "Vedi una bomba?" "No, non vedo una bomba." "Non c'è nessuna bomba." "Mi mancano solo due fermate… proseguiamo."

Lewis Black

3190. Il sistema metrico decimale non è mai andato di moda negli Stati Uniti, a meno che non vogliate considerare la crescente popolarità della pallottola nove millimetri.

Dave Barry

3191. A Milano in macchina sono tutti nevrotici, ma perché al Nord vi complicate la vita inutilmente con la precedenza, la freccia, i fari, lo stop. Noi a Palermo abbiamo una cosa che fa tutto: il clacson. Un colpo: passa pure; due colpi: la precedenza ce l'ho io. Ha pure la forma interrogativa, tre colpi: che minchia fai?

Teresa Mannino

3192. I bambini milanesi a Natale si incazzano se Babbo Natale arriva in ritardo.

Giovanna Donini

3193. Prof – Cos'è *tua*?
Studente – Un avverbio.
Prof – Tua mamma! Ma ti pare avverbio?

Smemoranda Brothers & Sisters

3194. Capita di dover tacere per essere ascoltati.

Stanislaw Jerzy Lec

3195. È già partito il piano del Governo per il rilancio del Mezzogiorno. Da domani sulla ruota di Napoli i numeri verranno estratti tutti.

Francesco Vespa

3196. Il traffico in questa città è così terribile che le donne incinte iniziano ad andare in ospedale al settimo mese.

Kc8 (Aenigmatica.it)

3197. Ogni volta che la gente è d'accordo con me, provo la sensazione di avere torto.

Oscar Wilde

3198. Neppure l'ingiustizia è uguale per tutti.

Alessandro Morandotti

3199. Ci sono dei momenti storici che a uno gli piacerebbe di poter dire: io non c'ero.

Altan

3200. Sono il padre di una battuta. Quando l'ho partorita mi aspettavo grandi cose da lei, invece... frequenta solo postacci ed esce dalla bocca di gente con la terza elementare. Non la sento più da un anno. Se la vedete, fatemi un favore: non ridete, così impara.

Gianmarco Pozzoli

INDICE BIOGRAFICO

Abitrante, Marco. Lettore. Ha l'onore di aprire le biografie.

Accendere, Pierdavide. Comico piemontese. La battuta è stata detta durante un'audizione a *Zelig*.

Adams, Douglas (1952-2001). Umorista inglese. Autore della serie radiofonica *The Hitchhiker's Guide to the Galaxy*, trasmessa in varie versioni su Bbc Radio 4 (1978). *Guida galattica per gli autostoppisti* è poi diventata romanzo, album, videogioco, serie tv e film. Nel 1984 il libro fu un tale successo planetario da vendere oltre 15 milioni di copie nel Regno Unito, negli Stati Uniti e in Australia.

Adams, John (1735-1826). Politico statunitense. Fu il secondo Presidente degli Stati Uniti. Suo figlio John Quincy Adams nel 1825 diventò il sesto Presidente Usa.

Adams, Scott. Autore di fumetti americano, ha creato la striscia *Dilbert,* travet universale che compare su 2500 giornali di tutto il mondo, in 65 nazioni e 19 lingue, per un totale stimato di 150 milioni di lettori.

Aenigmatica. Sito ufficiale della *Settimana Enigmistica* (v.) dove la comicità e l'umorismo incontrano i lettori online in molteplici prove linguistiche e logiche. Le firme – di solito in forma di pseudonimo – che in questa raccolta precedono la parola Aenigmatica sono quelle dei lettori.

Aereo più pazzo del mondo, L'. Film comico Usa del 1980. Soggetto, sceneggiatura e regia sono firmati da Jim Abrahams, David e Jerry Zucker. Per intenderci è il film con il "pilota automatico gonfiabile"...

Ale e Franz. Nome d'arte di Alessandro Besentini e Francesco Villa. Comici e attori lombardi. Come coppia nascono nel 1995. Prima di esplodere in tv con *Zelig* hanno partecipato al *Pippo Chennedy Show*, *Mai dire gol* e *Convenscion*. Conducono dal 2007 su Italia 1 l'improvvisazione televisiva *Buona la prima.* La loro comicità popolare e "alta" li pone tra i più riusciti interpreti dello spettacolo leggero contemporaneo. Ricordiamo tra i loro personaggi più amati i gangster Gin & Fizz e i Due della Panchina. Hanno pubblicato per Rizzoli: *E Larry? È morto!* e per Mondadori il dvd *È tanto che aspetti?*

Alesani, Dario. Battutista per hobby. Ci ha inviato le sue freddure per e-mail. Abita a Gaggiano, nel milanese.

Allen, Woody. Classe 1935. Pseudonimo di Allen Stewart Königsberg. Conviene ricordare che è quello che ha inventato *Zelig*, il film. Regista, attore, scrittore, comico. Un genio. Fossimo anagraficamente liberi, lo sposeremmo.

Altan. Francesco all'anagrafe, Checco per gli amici. Di cognome preciso fa Tullio Altan. È il più grande disegnatore satirico italiano. È anche l'inventore della Pimpa. "Vorrei sapere chi è il mandante di tutte le cazzate che faccio."

Angioni, Mario. Lettore. Ha inviato le sue battute attraverso il sito www.ginoemichele.it.

Anonimo. Quando la battuta è incerta, magari pronunciata da più comici, abbiamo deciso di assegnarla a un Anonimo. Ma Anonimo è anche il battutista per antonomasia.

Anquetil, Jacques (1934-1987). Grande ciclista francese. Collezionò nel corso della sua carriera 205 vittorie. Fece in tempo a incrociare con Fausto Coppi, ma il suo famoso rivale in Francia fu Raymond Poulidor, "l'eterno secondo".

Ariel. È il curioso collaboratore domestico "filippino" di Claudio Bisio, interpretato da Marco Marzocca (v.) negli *Zelig* in tv.

Aristocrats, The. Storica barzelletta. Si tratta di una delle barzellette più famose negli Stati Uniti, considerata dagli addetti ai lavori una specie di esame per un comico-narratore. La leggenda narra che Chevy Chase e John Belushi la facessero durare più di un'ora. Esiste un film basato proprio unicamente su questo "esercizio di stile", *The Aristocrats – A party featuring more than 100 comedians* – Usa 2005, regia di Paul Provenza in cui artisti vari raccontano la barzelletta "The Aristocrats". Nel film, davvero particolare, 100 artisti raccontano e disquisiscono intorno alla barzelletta meno comica e più geniale della storia americana. Chi volesse documentarsi può farlo attraverso YouTube sotto la voce "The Aristocrats."

Aristofane (450-388 a.C.). Commediografo greco tra i principali esponenti della Commedia antica, l'unico di cui ci siano pervenute opere complete, per la precisione undici.

Asimov, Isaac (1920-1992). Nacque in Unione sovietica, a tre anni era già negli Stati Uniti. È stato biochimico, scrittore di fantascienza e divulgatore scientifico. L'asteroide 5020 Asimov è stato ribattezzato così in suo onore. La sua produzione letteraria è sconfinata. "Ardo dal desiderio di spiegare, e la mia massima soddisfazione è prendere qualcosa di ragionevolmente intricato e renderlo chiaro passo dopo passo. È il modo più facile per chiarire le cose a me stesso."

Astone, Gianni. Comico originario della provincia di Taranto. Gravita tra l'altro dalle parti di Zelig.

Attell, Dave. Comedian statunitense, classe 1965. Il produttore del *Saturday Night Live*, Lorne Michaels, lo scritturò per la stagione 1993-94 dopo aver notato una sua brillante performance al *Late Night* di David Letterman (v.) del novembre '93. Ha partecipato a numerosi special sulla Hbo e ha condotto dal 2001 al 2004 lo show *Insomniac* sul network Comedy Central. Sempre su Comedy Central ha presentato *The Gong Show with Dave Attell*. www.daveattell.com.

Barker, Arj. Brillante giovane attore statunitense, classe 1974, è famoso anche per essere stato il protagonista della serie tv *Flight of Conchords*, in onda su Hbo dal 2007.

Barrie, J.M. (1860-1937). Sir James Matthew Barrie. Scrittore scozzese. È il creatore di Peter Pan, il ragazzo che non voleva crescere.

Barry, Dave. Umorista newyorkese, autore di numerosi best seller e vincitore del Premio Pulitzer, dal 1983 al 2005 ha curato una rubrica sul *Miami Herald*. I suoi articoli sono pubblicati su oltre cinquecento giornali. Popolarissimo negli Stati Uniti, avrebbe voluto candidarsi alla Casa Bianca. www.davebarry.com.

Barry, Marion. Nato nel 1936 nello stato del Mississippi. Sindaco nero democratico di Washington negli anni Novanta. Sposato con prole e amanti, eroe delle battaglie per i diritti civili, campione esemplare del lungo viaggio dei neri d'America attraverso le istituzioni, è un personaggio molto chiacchierato (per esempio per uso di cocaina) che ha subìto importanti processi legali.

Basso, Federico. Comico e autore piemontese. Scoperto nei laboratori di Zelig da Giancarlo Bozzo. Strappato da Gino & Michele al suo lavoro ufficiale, quello di montatore dei servizi del Tg4, è entrato a far parte del cast di Zelig e ha presentato insieme a Teresa Mannino (v.) le ultime edizioni di *Zelig Off*.

Beecham, Sir Thomas (1879-1961). Fu impresario musicale e grande direttore d'orchestra inglese.

Bellani, Stefano. Comico pisano in forza a *Zelig*. Le sue sono quasi tutte battute sulla (contro la) coppia. Taglienti e definitive, sempre divertenti. L'incipit della sua battuta più tipica, "E quando lei... Ma te...!?", ha ispirato anche il titolo del libro pubblicato per Sonzogno, *Il grande libro dei ma te...!?*, in collaborazione con l'autore Antonio De Luca.

Benigni, Roberto. "My body is in tumult..." "Jupiter to kidnap everybody in the firmament and hang to the stars..." "I thank my parents in Vergaio for the biggest gift: poverty." Hollywood, 22 marzo 1999. Il più geniale dei comici italiani viventi. A lui dobbiamo anche una coinvolgente rilettura della *Divina Commedia*.

Benny, Jack (1894-1974). Comedian statunitense. È stato anche attore e produttore. Nel 1991 la sua immagine apparve su uno dei cinque francobolli da 29 centesimi che commemoravano i comici. La sua avarizia è passata alla storia.

Berle, Milton (1908-2002). Comedian, scrittore, attore, leggenda. Apparve per primo in televisione durante una prova tecnica nel 1928. Da allora, fu soprannominato "Mr Television". Nel 1984 è stato chiamato nella *Television Hall of Fame* e nel 1991 fu il primo entertainer della *International Comedy Hall of Fame.* Tra i suoi film cult *Questo pazzo, pazzo, pazzo, pazzo mondo*. È considerato uno dei capiscuola della comicità americana, assieme a Bob Hope, Henny Youngman (v.) e Jerry Lewis.

Bertola, Romano. Scrittore e pubblicitario torinese. Dalla sua immaginazione sono nati Joe Condor, El Merendero e l'Olandesina: un pezzo della nostra vita. Ha pubblicato per Mondadori *Le caramelle del diavolo* e per Kowalski *Includetemi fuori*.

Bertolino, Enrico. Comico e intrattenitore. Ha presentato e presenta programmi televisivi (*Ciro, Visitors, Bulldozer* ecc.), è protagonista di sit-com (*Piloti*) ed è un punto fermo di *Zelig*. Da sempre è anche in cartellone nel medesimo locale di viale Monza a Milano.

Best, George (1946-2005). Calciatore irlandese celeberrimo. Pallone d'oro 1968, occupa l'ottava posizione nella Classifica speciale della rivista *World Soccer* dei migliori calciatori di tutti i tempi. Su di lui un film, *Best* (2000) e un libro, *The best,* (Baldini Castoldi e Dalai, 2002).

Bierce, Ambrose (1842-1914). Scrittore e aforista, amante del grottesco e del paradosso. Imperdibile il suo *Dizionario del diavolo* (Baldini Castoldi e Dalai, 2005).

Billings, Josh (1818-1885). Pseudonimo di Henry Wheeler Shaw. Umorista statunitense.

Birbiglia, Mike. Stand up comedian italoamericano, classe 1978.

Bizet, Georges (1838-1875). Compositore e pianista francese. La sua opera più famosa è la *Carmen.*

Black, Lewis. Nome completo: Lewis Niles Black. Apprezzato autore, scrittore e comedian americano dal taglio prevalentemente satirico.

Bogdanovich, Peter. Regista statunitense e critico cinematografico. Tra i suoi capolavori *L'ultimo spettacolo*

(1971), *Ma papà ti manda sola?* (1972), *Papermoon – Luna di carta* (1973), *Vecchia America* (1976).

Bonaparte, Napoleone (1769-1821). Conquistò il mondo. E gasò anche troppo i francesi.

Boosler, Elayne. Nata a Brooklyn, comedian, autrice e conduttrice televisiva. È stata la prima comedian (donna) a ottenere uno special tutto suo, quando nel 1986 Showtime le affidò *Party of One*. È stata anche autrice per Barbra Streisand. www.elayneboosler.com.

Brignano, Enrico. Attore e comico romano, tra i migliori monologhisti in circolazione. Dopo aver interpretato sia ruoli drammatici che comici, è esploso come personaggio a *Zelig* nel 2008. È anche apprezzato e seguitissimo performer teatrale.

Bruce Ketta. Pseudonimo del comico di origini pugliesi Matteo Iuliani, classe 1968, di casa a *Zelig*. Si è fatto conoscere dal grande pubblico con il divertente personaggio del postino.

Brunello, Alessandro. Comico lombardo. Efficace battutista. Ha al suo attivo diversi personaggi, tra cui il buttafuori da discoteca Potato.

Bruno, Raffaele. Cabarettista e autore napoletano.

Brynner, Yul (1920-1985). Attore statunitense. Oscar come miglior attore protagonista in *Il re ed io*. Tra i suoi film da ricordare: *I dieci comandamenti, I magnifici sette, I fratelli Karamazov*.

Bryson, Bill. Vero nome William McGuire. Giornalista e scrittore statunitense. Ha lavorato per il *Times* e per l'*Indipendent*. Nel nostro paese è conosciuto soprattutto per i suoi divertenti e autoironici libri di viaggio *Una passeggiata tra i boschi* (Guanda, 2000), *In un paese bruciato dal sole. L'Australia* (Guanda, 2001), cui ha affiancato una scrittura divulgativa brillante (*Breve storia di quasi tutto*, 2006) e autobiografica (*Vestivamo da Superman*, 2007).

Budd, Eileen. Comedian americana.

Bufalino, Gesualdo (1920-1996). Grande scrittore siciliano. Sono suoi i romanzi ricercati e intensi *Diceria dell'untore* (1981) e *Le menzogne della notte* (1988). "La parola è una chiave, ma il silenzio è un grimaldello".

Bukowski, Charles (1920-1994). Poeta e scrittore statunitense di madre tedesca e padre polacco-americano. Ha vissuto a East Hollywood, Los Angeles. Morì di leucemia poco dopo aver ultimato il suo romanzo *Pulp*. Da leggere assolutamente: *Storie di ordinaria follia*, *Compagno di sbronze* (Feltrinelli, 1981, 1979) e *Taccuino di un vecchio sporcaccione* (Guanda, 1979). Il titolo originale di *Storie di ordinaria follia* sarebbe: *Erections, Ejaculations, Exhibitions, and General Tales of Ordinary Madness*, che è tutta un'altra cosa... "Non cerco mai di migliorarmi o di imparare qualcosa, rimango esattamente come sono. Non sono uno che impara, sono uno che evita. Non ho voglia di imparare, mi sento perfettamente normale nel mio mondo pazzo; non voglio diventare come gli altri."

Burini, Paolo. Battutista per hobby di Ferrara.

Burns, George (1896-1996). Nato Nathan Birnbaum, attore di vaudeville da sempre. È stato l'interprete più anziano ad aver ricevuto un Oscar: era l'altro in *I ragazzi irresistibili* (1975). Da non perdere neppure come coprotagonista in *Vivere alla grande* (1979). Ci ha lasciato anche tre ottime autobiografie: *I Love Her, That's Why* (1955); *Living It Up* (1976); *The Third Time Around* (1979).

Byrne, Steve. Nato a Pittsburgh, classe 1974, di origini coreane e irlandesi, è tra i comedian più apprezzati degli Stati Uniti. È stato un comico di primo piano nel *Just for Laughs Festival* di Montreal, al *Comedy Arts Festival* di Las Vegas e al *Canwest Comedy Fest* di Vancouver.

Caffarena, Gianluca. Comico. Ha sostenuto un'audizione a *Zelig*.

Caiazzo, Paolo. Comico napoletano, esordisce a teatro nel 1987 come attore brillante, per approdare in seguito al cabaret come stand up comedian. In tv ha partecipato a *Bulldozer* e *Colorado cafè*.

Campagna, Pino. Cabarettista pugliese di stampo nazionalpopolare, di provata esperienza e impatto immediato. È esploso nelle ultime edizioni di *Zelig Circus*. *Papy ci sei, ce la fai, sei connesso?* è il suo slogan e il titolo di un suo libro per Kowalski.

Canetti, Elias (1905-1994). Di origine bulgara e di nazionalità tedesca, è stato Premio Nobel per la Letteratura nel 1981.

Cangini, Palmiro. Il mitico Assessore alle Varie ed Eventuali inventato da Paolo Cevoli (v.).

Cannata, Maria. Lettrice siciliana. Ci ha inviato le sue battute su www.ginoemichele.it.

Carey, Drew. All'anagrafe Drew Allison Carey. Nato a Cleveland nel 1958. Comedian, attore e conduttore di game show, tra cui *The Price Is Right*, versione americana di *Ok, il prezzo è giusto*. È stato lanciato da un'apparizione al *Tonight Show* di Johnny Carson (v.). Poco dopo nacque la sit-com *The Drew Carey Show* (233 episodi, nove stagioni). Drew è stato anche il conduttore e produttore di *Whose Line Is It Anyway?*, show interamente improvvisato, trasmesso dalla Abc.

Carlin, George (1937-2008). Nome completo: George Denis Patrick Carlin. Comedian, attore, sceneggiatore newyorkese. È stato uno dei più graffianti comedian statunitensi. Celebre per l'atteggiamento irriverente e per l'uso di un linguaggio esplicito, esordisce in coppia con l'amico Jack Burns nel 1960. In seguito si esibisce da solo, e nel 1972 per la prima volta calca le scene della Carnegie Hall di New York. Nello stesso anno venne arrestato a Milwaukee per uso di linguaggio indecente davanti a dei ragazzini in sedia a rotelle. Noto per il suo atteggiamento irriverente e per i temi quali la religione, la psicoanalisi e il linguaggio trattati senza tabù, è stato classificato da Comedy Central secondo miglior comico statunitense di tutti i tempi dietro a Richard Pryor. www.georgecarlin.com.

Carmen, antilope del Niigai. È uno dei personaggi di una brillante campagna di comunicazione Veet. Potete trovare altri "segreti di seduzione" andando su www.veetclub.it/secrets/promocard.php. Vi suggeriamo anche quello di Samantah, la pantegana del Brenta: "Se incontro un maschio che mi piace, comincio a saltellare all'indietro e aspetto che mi salti addosso".

Carson, Johnny (1925-2005). Celeberrimo presentatore e giornalista televisivo, il più pagato del mondo (fonte: *Guinness dei primati 1990*). Il suo *Tonight Show* è stato per trent'anni ai vertici degli ascolti della Nbc.

Casoni, Giampiero. Battutista per hobby milanese. Scrittore e vignettista.

Čechov, Anton (1860-1904). Scrittore russo. Dal *Giardino dei ciliegi* al *Gabbiano* in teatro, scrisse anche racconti bellissimi. "Più l'uomo è stupido e meglio lo capisce il suo cavallo."

C'eravamo tanto amati. Film di Ettore Scola del 1974. Una delle ultime commedie all'italiana di grande qualità. Attori principali: Stefania Sandrelli, Nino Manfredi, Vittorio Gassman, Stefano Satta Flores e Aldo Fabrizi.

Cevoli, Paolo. Comico romagnolo e imprenditore. Divide la sua vita fra queste due attività. Appartiene alla scuola di Zelig e nella trasmissione omonima ha portato al successo l'Assessore Palmiro Cangini (v.) e il piccolo imprenditore Teddi Casadey. Ha scritto alcuni romanzi comici, *Si vive solo 200 volte* (Rizzoli, 2008), *Cent'anni di Roncofritto* (Rizzoli, 2002) e *Mare mosso bandiera rossa* (Kowalski, 2003). Inoltre, sempre per Kowalski, nel 2004, ha pubblicato il divertente *Maiali & Menaggment*.

Chamfort, Nicolas de (1740-1794). Aforista e scrittore francese.

Chanel, Coco (1883-1971). Nella vita Gabrielle Bonheur Chanel. Rivoluzionò il concetto di femminilità. Riconosciuta tra le figure principali del fashion design nella cultura popolare del xx secolo, fonda la casa di moda che porta il suo nome a cavallo tra il primo e il secondo decennio del Novecento.

Cho, Margaret. Classe 1968, è una comedian statunitense nata a San Francisco di origini coreane. I suoi monologhi trattano di temi sociali e politici con taglio molto aggressivo.

Churchill, Randolph (1911-1968). Maggiore, giornalista e politico inglese. Figlio del celebre statista e Premio Nobel per la Letteratura Winston Leonard Spencer Churchill.

Ciulla, Mimmo. Battutista per hobby.

Cleese, John. Classe 1939. Comico, sceneggiatore, attore e produttore cinematografico inglese. È uno dei membri dei Monty Python. Nel 1988 ha ricevuto una nomination agli Oscar come migliore sceneggiatura per il suo film *Un pesce di nome Wanda.*

Colbert, Stephen. Comico e presentatore televisivo statunitense. Collabora con il canale tv Comedy Central, sul quale presenta dal 2005 il telegiornale satirico *The Colbert Report*.

Confucio (551-479 a.C.). Filosofo cinese. Ha dato origine al confucianesimo, tradizione culturale che ha influenzato profondamente sia il pensiero che lo stile di vita dell'Estremo Oriente. I suoi insegnamenti sono raccolti nei *Dialoghi,* opera che racchiude aforismi e frammenti di discorsi, raccolti dai suoi discepoli molti anni dopo la sua morte.

Connolly, Billy. Scozzese, classe 1942, è comedian, musicista, presentatore, commediografo estremamente colto e attore (*L'ultimo samurai*, 2003). È rimasta bandita dalle radio britanniche la sua celebre performance *The Crucifixion* (1973), in cui paragonava l'Ultima Cena a una serata tra ubriaconi in quel di Glasgow.

Conti, Andrea. Musicista e docente di musica, soprattutto di trombone e basso tuba. Il suo sito (www.andreaconti.it) ospita tra le altre cose una sezione dedicata a barzellette, battute e frasi celebri riguardanti la musica. Ancora una volta grazie Maestro per le divertenti citazioni.

Coronel, Billiam. Comedian, ha fatto parte del cast delle sit-com *Men Behaving Badly* e *The Parent 'Hood*.

Cotterell, Geoffrey. Romanziere inglese. Da alcuni suoi romanzi sono stati tratti film, come per esempio *Tiara Tahiti*, romanzo e film omonimi sono degli inizi degli anni Sessanta.

Cremona, Raul. Comico milanese. Alle prime armi è stata la spalla comica del padre, grande imbonitore di piazza. Maestro di illusionismo e prestidigitazione, si è imposto al grande pubblico televisivo con i suoi personaggi del Mago Oronzo, dell'attore Jacopo, Silvano il mago di Milano, il misogino Omen, il ciarlatano Evok, interpretati a *Mai dire gol* e soprattutto a *Zelig*.

Crozza, Maurizio. Genova, 1959. Attore, cabarettista, imitatore, comico. Esordisce in televisione grazie a programmi satirici di RaiTre come *Avanzi* e *Tunnel* per poi lavorare con la Gialappa's Band e a *Quelli che il calcio...* Nel 2006 debutta come show man e autore a La7 con la trasmissione *Crozza Italia;* dal 2009 il suo show viene cancellato dalle programmazioni perché "... non gradito al premier e ai suoi ministri" – come si legge sul sito *Dagospia.*

Cummins, Dan. Comedian americano.

Cuomo, Mario. Avvocato e politico statunitense. Cuomo è stato governatore dello Stato di New York dal 1983 al 1995.

D'Alema, Massimo. Uomo politico. È stato presidente del Consiglio dal 1998 al 2000.

D'Amico, Vincenzo. Latina, 1954. Calciatore italiano, simbolo della Lazio negli anni Settanta e Ottanta.

Dalí, Salvador (1904-1989). Geniale pittore e scultore spagnolo. Esponente del surrealismo, si dedicò anche al cinema (collaborando con Buñuel e Hitchcock) e fu amico, tra gli altri, di Amanda Lear e Teo Teocoli.

Damiano, Francesco. Giovane comico di scuola torinese. Ha frequentato i laboratori di *Zelig*.

Dangerfield, Rodney (1921-2004). All'anagrafe Jacob Cohen, è stato uno strepitoso comedian statunitense. Rappresenta "l'uomo comune" che ce l'ha fatta. Celebre la sua frase "non ottengo rispetto" ("I got no respect"): era infatti solito interpretare un personaggio che non aveva il rispetto di nessuno. Tipico anche il suo gesto con il pollice alzato per salutare il pubblico alla fine delle performance. www.rodney.com.

Davis Jr, Sammy (1925-1990). Cantante, attore e fantasista statunitense. Insieme ad altri personaggi del mondo dello spettacolo – tra cui Frank Sinatra e Dean Martin – faceva parte del cosiddetto Rat Pack (branco di ratti), che prese parte ad alcuni celebri film negli anni Sessanta come per esempio *Colpo grosso*.

De Carli, Marco. Giovanissimo lettore milanese laureato in Ingegneria Matematica. "Non lo dico per menarmela, solo per far capire che mi sto cercando un futuro da battutista."

Deiana, Lando Mariano. Lettore. Ci ha inviato una e-mail dalla Sardegna da cui si evince che ha a che fare con il diving. "Se d'estate passate dalle parti di Villasimius o Muravera, fatemi uno squillo o una squillo. Offro io..."

Del Conte, Marco. Autore e battutista (lavora con i comici Bruce Ketta e Raul Cremona). Fa parte del gruppo creativo di *Zelig*.

Della Mea, Ivan (1940-2009). Una delle colonne sonore principali del Sessantotto italiano. È passato alla scrittura negli anni Novanta. Battutista, aforista, poeta, ricercatore. "Patrimonio" della sinistra italiana. Il suo libro di aforismi e battute è a sua volta una battuta: *Se nasco un'altra volta ci rinuncio* (Edizioni Interno Giallo, 1992). Per una volta, concedeteci di aggiungere un appunto personale: è stato un ottimo, sensibile, credibile compagno di strada.

De Luca, Antonio. Bravo battutista e autore televisivo e teatrale. Collabora con il gruppo di Zelig. Lavora anche con Stefano Bellani (v.) e Pablo Scarpelli (v.).

De Paola, Loredana. Attrice e autrice di teatro, comica. Vincitrice nel 2003 al festival *Teatro in Caberet* di Catania.

Dereca, Benjamin. Pluricitato aforista, re dei siti soprattutto francesi. Dello stesso genere della battuta citata: "Esistono solo due tipi di ciclisti: quelli che si fanno tirar sotto dagli automobilisti e quelli che tirano sotto i pedoni".

Desproges, Pierre (1939-1988). Umorista francese.

Diller, Phyllis. All'anagrafe Phyllis Ada Driver, statunitense. Classe 1917, è stata una delle prime stand up comedian donna. È apparsa in molti film, tra cui *Splendore nell'erba* di Elia Kazan (1961).

Di Naccio, Arturo. Battutista per hobby. Lettore che ci ha inviato anche battute altrui reperite via internet.

DiPaolo, Nick. Comedian italoamericano, ha partecipato a molti show radiofonici e televisivi. È del 1962.

Di Pietro, Gianni. Lettore. Ci ha scritto a www.ginoemichele.it.

Dix, Gioele. Pseudonimo di David Ottolenghi. Di scuola teatrale, si è rivelato nella seconda metà degli anni Ottanta al cabaret Zelig di Milano come monologhista. In televisione ha lavorato molto con la Gialappa's band per ritornare poi a *Zelig* con accresciuta credibilità. La sua attività di comico non lo ha distolto dalle scene teatrali e anche cinematografiche.

Donini, Giovanna. Autrice, scrittrice, comica di Treviso. Anche cabarettista con il gruppo "Le spaventapassere". Collabora come autrice a *Zelig* e a *Smemoranda*.

Dumas, Alexandre padre (1802-1870). Scrittore francese. Drammaturgo e romanziere (celebri i suoi romanzi storici), ebbe un figlio, Alexandre Dumas, anche lui scrittore.

Eastwood, Clint. O meglio: Clinton. Attore, regista, produttore, creatore di colonne sonore. Un uomo a tutto tondo del cinema hollywoodiano. Fu lanciato da Sergio Leone nello spaghetti-western. Una leggenda metropolitana sostiene che sia figlio segreto dell'attore Stan Laurel (il magro di Stanlio & Ollio). In effetti Laurel ebbe un figlio nato nello stesso giorno di Clint Eastwood, che morì nove giorni dopo la nascita. Naturalmente chi sostiene questa ipotesi pensa che i coniugi Eastwood adottarono il figlio non voluto da Laurel.

Einstein, Albert (1879-1955). Il più grande scienziato di tutti i tempi. "Quando un uomo siede vicino a un bella ragazza per un'ora, pensa che non sia passato più di un minuto. Ma fatelo sedere sopra un termosifone bollente per un minuto: crederà che siano passate delle ore. Ecco cos'è la relatività."

Eliot, Thomas S. (1888-1965). Poeta e drammaturgo statunitense, nel 1927 divenne cittadino britannico. Insignito del Nobel per la Letteratura nel 1948, è celebre per capolavori quali *La terra desolata*, *Assassinio nella Cattedrale* e *The Cocktail Party*.

Emerson, Ralph Waldo (1803-1882). È stato uno scrittore, un saggista e un filosofo statunitense.

Eto'o, Samuel. Nato nel 1981 a Nkon, è un calciatore del Camerun. È un attaccante tra i più quotati del calcio europeo. Nell'attuale stagione gioca nell'Inter. È stato nominato calciatore africano dell'anno nel 2003, nel 2004 e nel 2005.

Fatel, Mitch. Manhattan, 1968. Stand up comedian. Newyorkese, ha esordito a quindici anni nello spettacolo. Tra le sue performance si ricordano il *Late Show* con David Letterman (v.) e *Late Night* con Conan O'Brien (v.). Oggi lavora anche come corrispondente per il *Tonight Show* con Jay Leno (v.). Nel 2006 ha vinto il premio come miglior stand up comedian all'*Aspen Comedy Festival*.

Ferguson, Craig. Classe 1962, scozzese e cittadino sia britannico che statunitense. Stand up comedian e attore (*L'erba di Grace*, *Prendimi l'anima*).

Fey, Tina. Autrice, comedian e sceneggiatrice statunitense, è apparsa al *Saturday Night Live*. Recentemente è diventata molto popolare negli Stati Uniti per la sua imitazione della ex governatrice repubblicana dell'Alaska Sarah Palin.

Fiorello. Rosario Fiorello. Imitatore, cantante, intrattenitore, performer. Uno dei grandi contemporanei dello spettacolo italiano.

Flaiano, Ennio (1910-1972). Scrittore, drammaturgo, sceneggiatore, aforista. Collaborò con Fellini in *8 1/2*, *I vi-*

telloni, *La dolce vita*. I suoi due più importanti libri di aforismi, postumi, sono *Autobiografia del blu di Prussia* e *Diario degli errori*. Ebbe intuizioni geniali entrate nel linguaggio comune a furor di popolo. Suo il pluricitato "Certo certissimo, anzi probabile" (da *Diario notturno*).

Foresta, Michele. Comico e conduttore televisivo, è esploso al cabaret Zelig e ha poi partecipato a quasi tutte le edizioni dello stesso *Zelig* in tv. Dal 2001 ha condotto i vari *Mai dire...* televisivi della Gialappa's band. Nell'arco di oltre vent'anni di lavoro, Michele Foresta non si è preoccupato troppo di mantenere un suo "marchio di fabbrica" univoco, accettando viceversa di comparire sia come Mago Forest che come Mister Forest o Mister Forrest (con due erre). Beh, si tratta sempre dello stesso, adorabile "pirlone".

Francesco. Lettore. Ci ha inviato le sue battute su www.ginoemichele.it.

Friggione, Francesco. Giovane comico bolognese.

Frignani, Andrea. Lettore. Studente di Mantova, ci ha inviato questa battuta al nostro indirizzo e-mail info@ginoemichele.it.

Fullin, Alessandro. Trieste, 1964. Attore teatrale e comico italiano. Ha recitato in svariati locali tra cui il Ciak e lo Zelig di Milano. Ha partecipato allo Zeligay.

Gabrieli, Giancarlo. È un socio storico di Bananas, la società che gestisce anche Zelig.

Gaffigan, Jim. Numero uno di apparizioni sia al *Late Show with David Letterman* sia al *Late Night with Co-*

nan O'Brien. È stato co-protagonista insieme a Ellen DeGeneres nella sit-com *The Ellen Show* trasmessa dalla Cbs. Ha recitato inoltre in *Sex and the City*, *Law and Order: Criminal Intent* e *Squadra emergenza*.

Giacobazzi, Giuseppe. Pseudonimo del comico monologhista ravennate Andrea Sasdelli. Una rivelazione di *Zelig*.

Giarnella, Lori. Comedian statunitense.

Gino & Michele. Pseudonimo dei milanesi Luigi Vignali e Michele Mozzati. Sono i curatori di quest'opera. Per saperne molto, molto di più raccomandiamo: www.ginoemichele.it.

Giorgio V (1865-1936). Re d'Inghilterra. Imperatore d'India e dello Stato Libero d'Irlanda. Fu il primo monarca britannico dei Windsor. Per quanto riguarda la composizione di Richard Strauss a cui ci si riferisce, *Elektra*, si tratta di una composizione complessa in chiave espressionista, complessa e ricca di dissonanze. L'opera in un atto è stata composta dal musicista tedesco nel primo decennio del Novecento. Per noi mortali, praticamente inascoltabile...

Gnocchi, Gene. Pseudonimo di Eugenio Ghiozzi, avvocato fidentino. Scoperto e lanciato negli anni Ottanta al cabaret Zelig, in tv ha debuttato a *Emilio*. Da lì a *Quelli che... il calcio* e via via in molte trasmissioni sportive e non. Partito come comico, ha affiancato a questa sua caratteristica il ruolo di presentatore e intrattenitore. È anche corsivista esilarante sulla prima pagina della *Gazzetta dello Sport*.

Gobbi, Marzio. Battutista per hobby di Piacenza.

Goethe, Johann Wolfgang (1749-1832). In letteratura il più grande tedesco di sempre.

GPL. Trio formato da Giorgio Verduci, Paolo Labati e Luigi Saronni (GPL sono le iniziali dei loro nomi). Di formazione teatrale, esordiscono nel 1999. Frequentano il laboratorio Scaldasole di Milano. Singolarmente hanno partecipato a diverse trasmissioni tv tra cui *Zelig Off* e continuano a farne parte (Saronni come autore). La battuta citata è stata annotata tempo fa durante un'audizione allo stesso *Zelig,* ma il trio momentaneamente è sciolto.

Grasso, Aldo. Docente universitario, intellettuale e giornalista italiano. Nato in provincia di Cuneo, vive a Milano. Si occupa di Storia della radio e della televisione. È il critico televisivo del *Corriere della sera*.

Grillo, Beppe. Grande comico genovese. Trascinatore e "bacchettatore". Un Savonarola dei nostri tempi. Per capire qualcosa di più si vada sul suo sito-blog www.beppegrillo.it.

Gruppo di Facebook. Sotto questo titolo inauguriamo una serie di citazioni che riguardano l'appassionato e composito mondo di Facebook, a cui non manca certo la componente ironica.

Guadalupi, Teo. Già cabarettista monologhista, oggi è autore teatrale e televisivo. Collabora tra l'altro a *Zelig*. È stato talvolta ospite del programma *Stasera c'è Funari,* in onda sul circuito Odeon Tv.

Guzzanti, Corrado. Comico romano. Già autore dei testi della sorella Sabina, è stato portato in tv da Serena Dandini. Tra i suoi personaggi meglio riusciti Rokko Smitherson, Quelo, Funari, Fede, lo studente Lorenzo, il poeta Brunello Robertetti (v.). Tra i suoi successi editoriali *Il libro de Kipli*, *La seconda che hai detto* (Baldini e Castoldi), Al cinema: *Fascisti su Marte*.

Hale, Philip (1854-1934). Critico musicale statunitense.

Hammond, Ken. Comedian americano.

Handey, Jack. Autore e umorista, ha pubblicato i suoi *Deep Thoughts* (Pensieri profondi) sulla rivista *National Lampoon* (periodico statunitense di taglio satirico) dal 1984 e in seguito le sue intuizioni vennero utilizzate, alternate agli sketch, al *Saturday Night Live*.

Hedberg, Mitch (1968-2005). Comedian dal taglio surreale, soffriva di glossofobia (paura di parlare in pubblico) al punto da dover talvolta esibirsi con gli occhi chiusi o dando le spalle al pubblico. La causa della sua morte è stata registrata come "overdose". www.mitchhedberg.net.

Hendel, Paolo. Storico comico fiorentino. Ha partecipato a numerosi film, tra cui due del concittadino Leonardo Pieraccioni (*Il ciclone* e *Il pesce innamorato*) e *Speriamo che sia femmina* di Mario Monicelli. È stato protagonista di numerosi programmi televisivi di successo (*I martedì di Paolo Hendel*, *Banane*, *Mai dire gol*). Il suo personaggio più famoso è Carcarlo Pravettoni, parodia di un cinico imprenditore.

Hesse, Hermann (1877-1962). Scrittore tedesco, ma anche poeta e pittore, tra i più letti del Novecento. Nobel per la Letteratura nel 1946. Ha scritto *Siddharta* nel 1922. Le sue opere sono influenzate dallo spiritualismo, dal misticismo e dalle filosofie orientali.

Hicks, Bill (1961-1994). All'anagrafe William Melvin Hicks. Caustico comedian americano dal linguaggio aggressivo, Bill Hicks fu considerato un portento in Canada, Inghilterra e negli Stati Uniti. Inguaribile ottimista, quando venne a sapere di avere il cancro, lo tenne segreto, si trasferì in casa dei genitori, ma continuò a lavorare e a fare tour. Verso la fine dei suoi giorni, chiamò gli amici per dir loro addio e lesse un'ultima volta *La compagnia dell'anello*. www.billhicks.com.

Hubbard, Kin (1868-1930). All'anagrafe Frank McKinney Hubbard. Umorista, cartoonist e giornalista statunitense.

Hugo, Victor (1802-1885). Grande scrittore, poeta e drammaturgo francese. Considerato uno dei padri del Romanticismo.

Hull, Cordell (1871-1955). Politico statunitense e Premio Nobel per la Pace. È considerato uno dei padri fondatori delle Nazioni Unite.

Iodice, Peppe. Cabarettista napoletano. Monologhista di buone qualità, ha ottenuto larga audience televisiva attraverso *Zelig*.

Izzard, Eddie. Stand up comedian e attore britannico, nato nello Yemen (dove il padre lavorava per conto della British Petroleum) nel 1962. Ha vinto numerosi premi per le sue performance tra cui un British Comedy Award nel 1993 e due Emmy Award nel 2000. Per il cinema ha recitato in *L'ombra del vampiro*, *The Cat's Meow* e in molti altri film. È uno dei pochi comedian anglofoni che fa tour in Francia parlando francese.

Jena, Jeff. All'anagrafe Jeffrey Jena. Comedian, ha lavorato per le maggiori televisioni americane.

Jeni, Richard (1957-2007). Comico e attore (*The Mask – Da zero a mito*) statunitense, è lo stand up comedian che vanta il maggior numero di apparizioni al *Tonight Show*, essendo comparso per la prima volta in questo programma nel 1989, quando ancora era condotto da Johnny Carson (v.). Jeni si è suicidato nel marzo del 2007.

Jillson, Joyce (1945-2004). Astrologa, intrattenitrice televisiva e attrice di musical.

Joyce, James (1882-1941). Scrittore e poeta irlandese, uno dei più grandi maestri della letteratura contemporanea. Poco prolifico, le sue opere si riducono a pochi titoli. Ma il suo *Ulisse* (1922) vale mille capolavori.

Kalabrugovic, Giancarlo. Pseudonimo di Giancarlo Calabretta. Noto cabarettista e comico italiano cresciuto nell'hinterland milanese. Ha partecipato nel 2005 ai laboratori artistici di Zelig, diventando poi ospite fisso a *Zelig Off* dal 2007. Nello stesso anno è stato "promosso" a *Zelig* in prima serata.

Kappa, Franco. Pseudonimo di Franco Cappelletti. Scrittore satirico, collabora a *Giuda* e al *Vernacoliere*. Da quest'ultimo sono tratte le battute di questa raccolta.

Karr, Alphonse (1808-1890). Giornalista e scrittore francese, ideatore del periodico satirico *Les Guêpes* (ossia "le vespe"), è stato anche autore prolifico di aforismi.

Kashian, Jackie. Comica e attrice di cinema e tv (per esempio *Murphy Brown*, sit-com della Cbs). Lavora soprattutto a Los Angeles.

Kay, Peter. Scrittore, comedian, produttore, regista e attore inglese.

Kc8. È lo pseudonimo di un lettore di Aenigmatica (v.), il portale della *Settimana enigmistica* (v.).

Kelly, Robert. Giovane comedian americano. Monologhista specializzato in improvvisazioni.

Kennedy, John Fitzgerald (1917-1963). È stato uno dei più grandi presidenti degli Stati Uniti. Forse il più grande.

Kimmel, Jimmy. Nome completo: James Christian "Jimmy" Kimmel. Attore, conduttore televisivo e comedian statunitense. Ha partecipato e partecipa a diverse trasmissioni televisive in onda su Abc, Comedy Central e altre reti.

King, Luther Martin (1929-1968). Pastore protestante e attivista dei diritti civili del popolo afroamericano. È stato il più giovane Premio Nobel per la Pace della storia. Il 4 aprile 1968 è stato ucciso a Memphis, dove si era recato per appoggiare uno sciopero indetto dal sindacato dei netturbini di colore.

Kline, Kevin. Attore americano. *Un pesce di nome Wanda, Il grande freddo*. Ma anche *Radio America, In & Out, Sogno di una notte di mezza estate*... e chi più ne ha più ne metta.

Klobas, Luca. Stand up comedian veneziano. Nato come attore teatrale, si è affermato in tv grazie anche alla partecipazione a *Zelig Off* e *Zelig Circus*. Ratko, immigrato albanese spaccone e simpatico, è il suo personaggio più noto.

Kraus, Karl (1874-1936). Scrittore e giornalista austriaco. Pacifista e antinazista, è stato anche un apprezzato aforista (*Detti e contraddetti, Di notte, Pro domo et mundo*).

Landry, Lisa. Stand up comedian statunitense, lavora soprattutto per Comedy Central.

La Rochefoucauld, François de (1613-1680). Principe dei salotti letterari e acerrimo nemico di Richelieu e Mazarino. Lasciò ai posteri le sue Massime, contenenti oltre 500 aforismi.

Larson, Doug. Columnist statunitense, è uno degli aforisti più citati, soprattutto online.

Leacock, Stephen (1869-1944). Intellettuale, economista e scrittore canadese.

Leary, Denis. Comedian, attore (*Small Soldiers, Sesso e potere, Suicide Kings*), scrittore e regista.

Lec, Stanislaw Jerzy (1909-1966). Intellettuale e aforista polacco, fu perseguitato dalla Germania nazista e internato in un campo di concentramento dal quale riuscì ad evadere per unirsi poi al movimento partigiano. Nel dopoguerra fu anche ambasciatore a Vienna. La sua opera più famosa è la raccolta di aforismi *Pensieri spettinati*.

Leno, Jay. All'anagrafe James Douglas Muir Leno. È nato a New Rochelle, Stato di New York, nel 1950. Comedian, collezionista di auto. È stato il conduttore del *Tonight Show* sulla Nbc fino al giugno 2009, poi ha passato il timone a Conan O'Brien (v.). Ora conduce il *Jay Leno Show*. È l'avversario – si fa per dire – di David Letterman (v.), nella battaglia degli show di tarda sera. È stato uno dei pochi "nomi" ad aver realmente testimoniato al processo contro Michael Jackson nel 2005.

Leoni, Michele. Aforista e scrittore forlivese.

Leopardi, Giacomo (1798-1837). Poeta, filosofo, filologo, glottologo italiano. Tra i maggiori poeti dell'Ottocento.

Letterman, David. Indianapolis, 1947. Dopo un esordio alla radio e in televisione come meteorologo, Letterman si trasferì a Los Angeles dove iniziò a esibirsi come comedian. Presto divenne ospite regolare del *Tonight Show* di Johnny Carson (v.). Il suo *Late Night* debuttò nel 1982 sulla Nbc. Per il momento, Letterman ha firmato (sulla Cbs, dove il *Late Night* migrò nel 1993) fino al 2010. È stato il primo presentatore di varietà a tornare in tv dopo l'attacco alle Torri Gemelle dell'11 settembre, e ha dato un'idea memorabile su come si fa televisione e come si superano situazioni difficili. Un caposcuola.

Lewis, Richard. Comedian e attore di Brooklyn, classe 1947. Numerose, negli anni Ottanta, le sue apparizioni al *Late Night* di David Letterman. Per il cinema ha interpretato il principe Giovanni nel *Robin Hood: un uomo in calzamaglia* di Mel Brooks.

Liebman, Wendy. Comedian statunitense apparsa sia al *Tonight Show* che al *Late Night with David Letterman.* È stata presentatrice anche dello special *Would You Kindly Direct Me to Hell?* (*Potresti cortesemente mandarmi al diavolo?*).

Lipari, Carmelo. Lettore quarantenne siciliano. Vive a Campobello di Mazara. Si autodefinisce "battutore libero".

Lopez, George. Comedian e attore statunitense di origini messicane. È anche produttore e interprete di una serie tv che porta il suo nome.

Louis C.K. È lo pseudonimo di Louis Szekely, comedian, autore, attore, regista e produttore. Lo si vede spesso su Comedy Central.

Luttazzi, Daniele. Monologhista romagnolo dall'umorismo surreale. Il campo in cui eccelle è la satira, e non solo politica. Il suo vero nome è Daniele Fabbri, mentre lo pseudonimo vuole essere un omaggio al musicista e attore Lelio Luttazzi. Ha anche condotto trasmissioni tv (*Barracuda* e *Satyricon*).

MacDonald, Norm. Attore e comedian canadese, nato nel 1963 nel Quebec. Dal 1993 al '98 ha fatto parte del cast del *Saturday Night Live*, il programma che lo ha lanciato. Don Ohlmeyer, dirigente della Nbc, lo sospese dal "Weekend Update" (segmento all'interno del Snl) perché non lo giudicava divertente.

Maceta, I. Duo di scrittori umoristi: Siro e Luca Mantovani. Lavorano per la telefonia, la tv, la radio. Ci hanno inviato le loro battute in semplice veste di "lettori".

Mago Oronzo. Mago-veggente meridionale molto trash e cialtrone. È l'invenzione più popolare del comico Raul Cremona (v.).

Maher, Bill. Stand up comedian e presentatore televisivo newyorkese, classe 1956. Classificato da Comedy Central al 38° posto nella sua graduatoria dei migliori stand up comedian di tutti i tempi, Maher è noto soprattutto per aver ideato e condotto, dal 1994 al 2002, il programma *Politically Incorrect* (dapprima su Comedy Central e poi sulla Abc). Il programma venne cancellato nel giugno 2002 in seguito a un'affermazione un po' troppo "incorrect" di Maher.

Makaresko, Boris. Cabarettista milanese, antesignano dei battutisti italiani. È stato uno dei più assidui frequentatori del Derby Club di Milano.

Mandela, Nelson. Primo presidente del Sudafrica dopo l'apartheid e Premio Nobel per la Pace. Fu per decenni perseguitato e imprigionato dai governi segregazionisti di Johannesburg e ottenne libertà e diritti politici grazie anche alle pressioni internazionali in suo favore.

Manera, Leonardo. Comico e cabarettista. "Un saluto festoso a tutti." Da molti anni fa buona televisione. È legato a *Zelig* da diverso tempo, sia per la tv sia per il cabaret e il teatro. Ha pubblicato per Kowalski *Sole cuore fluoro*. È un ottimo performer. Il "cinema polacco", con Claudia Penoni (v.), è un piccolo capolavoro intuitivo.

Manning, Bernard (1930-2007). Comedian inglese. Ha dedicato una vita artistica a combattere contro stereotipi sociali ed etnici e a sostegno delle minoranze.

Mannino, Teresa. Comica, attrice e conduttrice televisiva palermitana trapiantata a Milano. Laureata in filosofia, ha partecipato a *Zelig Off* e *Zelig Circus* e nel 2007 ha anche co-condotto lo stesso *Zelig Off* insieme a Federico Basso (v.). La donna, il confronto Nord-Sud e le nevrosi metropolitane sono i temi preferiti dei suoi monologhi.

Manzoni, Alessandro (1785-1873). Il più grande romanziere italiano, reso spesso noioso dalla scuola. *I promessi sposi* hanno pagine di grande ironia.

Manzoni, Mic. Lettore; ci ha inviato le sue battute a www.ginoemichele.it.

Marder, Jeff. Comedian statunitense. Lavora per Comedy Central.

Martin, Demetri. Stand up comedian, attore e musicista newyorkese, classe 1973. Dal 2009 ha un suo show su Comedy Central: *Important Things with Demetri Martin*. Dal suo sito www.demetrimartin.com: "Accaddero molte cose, e poi Demetri nacque. Ebbe un'infanzia. Dopo un po' finì. Andò a scuola per un po' di tempo. Abbandonò l'ultima in cui andò. Poi iniziò a dire battute a New York, e continua ancora adesso".

Marx, Groucho (1890-1977). Julius Henry Marx. Il capofamiglia dei fratelli più famosi del mondo. Comedian teatrale, radiofonico, cinematografico e televisivo, assieme ai fratelli Harpo, Chico, Gummo e Zeppo. Durante la carriera cinematografica non ebbe mai baffi "suoi". Era lucido da scarpe anche sulle sopracciglia.

Marziano, Gianfranco. Conosciuto anche come "il Faraone". Si tratta di un particolarissimo creativo a tutto campo che abbiamo recuperato casualmente attraverso le molteplici tracce che ha lasciato su internet. Marziano scrive, suona, canta, è filmmaker, fa il comico e chi più ne ha più ne metta. Ci risulta essere campano. Per chi ama la trasgressione, il politically incorrect, l'esasperazione, il neodadaismo, la scurrilità, la goliardia hard, insomma per i cuori forti che non si scandalizzano di nulla (meglio se maggiorenni!) consigliamo una scappatina in www.katanka.net/marziano. Oppure, per gli insaziabili, basta andare in Google e cliccare "Gianfranco Marziano": c'è davvero molto materiale.

Marzocca, Marco. Comico romano. Laureato in farmacia, è approdato in tv grazie a Corrado Guzzanti, iniziando a lavorare nella trasmissione *Tunnel.* Da anni fa parte del cast di *Distretto di Polizia.* Il suo personaggio Ariel (v.) è tra i protagonisti di *Zelig* dal 2006, a cui ha recentemente affiancato il Notaio (v.).

Maugham, Somerset (1874-1965). Nome completo: William Somerset Maugham. Romanziere inglese.

Mauroemme. Umorista. Rimandiamo al suo sito www.mauroemme.it.

McConaughey, Matthew. Attore, sceneggiatore, regista statunitense, per molti è l'erede di Paul Newman. La battuta è tratta da *La vita è un sogno* (*Dazed and Confused*) di Richard Linklater del 1993.

McCormick, Brian. Autore comico e umorista. Ha partecipato tra l'altro alla scrittura di *The Rodney Dangerfield Show*.

Melazzi, Giorgio. Attore e doppiatore lombardo (è nato a Bellagio), si diletta anche nella scrittura e interpretazione di monologhi comici.

Mentana, Enrico. Giornalista. Ha lavorato per anni in Rai. Poi è passato a Mediaset. È stato direttore del Tg5 e responsabile delle news. Ha condotto *Matrix* in seconda serata su Canale 5. Si è dimesso da ogni incarico agli inizi del 2009.

Merton, Paul. Comico e scrittore inglese.

Migone, Paolo. Comico, regista teatrale e attore livornese. Ha raggiunto la popolarità televisiva partecipando a *Zelig*. Per Kowalski ha pubblicato *L'occhio nero al panda gliel'ho fatto io* (2003) e *Abbracciati da sola che c'ho da andà via* (2005).

Milian, Tomas. Nome d'arte di Tomás Quintin Rodriguez. Attore cinematografico statunitense di origine cubana, noto soprattutto come protagonista di film western e polizieschi all'italiana a cavallo tra gli anni

Settanta e Ottanta. I suoi personaggi più famosi sono Er Monnezza, piccolo malavitoso collaboratore di giustizia, e Nico Giraldi, ex ladro poi divenuto poliziotto. I due personaggi sono simili e spesso vengono confusi anche perché sono stati entrambi doppiati dal grande Ferruccio Amendola. I film citati sono *Squadra antitruffa*, 1977 e *Squadra antifurto*, 1976, entrambi di Bruno Corbucci.

Miller, Dennis. Comedian, commentatore sportivo e politico, conduttore radiofonico. Esplose nel *Saturday Night Live*, quindi passò a trasmissioni quali *The Dennis Miller Show*, *Dennis Miller Live* ecc. Sua moglie, Carolyn Epsley, è probabilmente più nota per essere la ragazza nel video *Too Shy* dei Kajagoogoo. www.dennismillerradio.com.

Mim, lettore di Aenigmatica (v.).

Mist e Dietnam. Pseudonimi di Riccardo Bidoia e Massimo Fiorio. Sono gli ideatori di un sito internet che per gioco e per scommessa ha iniziato a pubblicare e incentivare frasi, battute, follie legate al mito di Chuck Norris. I milioni di contatti raccolti dal sito hanno portato alla pubblicazione di due libri: *I fermenti lattici dello yogurt di Chuck Norris sono tutti morti* e *Chuck Norris ha aperto quella porta*, entrambi per le edizioni TEA.

Mister Forest. Vedi Foresta, Michele.

Monkhouse, Bob (1928-2003). Scrittore, commediografo, attore e intrattenitore televisivo inglese.

Montale, Eugenio (1896-1981). Poeta, scrittore, critico. Nobel per la letteratura nel 1975.

Morandotti, Alessandro. Nato nel 1958. Storico dell'arte e aforista.

Morrison, Jim (1943-1971). Musicista e poeta rock. "I'm the Lizard King, I can do anything." È stato il leader dei Doors e uno dei principali esponenti della rivoluzione culturale tra gli anni Sessanta e gli anni Settanta.

Newhart, Bob. Classe 1929. Attore comico che ha attraversato cinquant'anni di tv americana. Ha raggiunto il massimo della popolarità negli anni Settanta con la sit-com *Bob Newhart's show*.

Nietzsche, Friedrich W. (1844-1900). Grande e controverso intellettuale, filosofo e scrittore tedesco.

Nisini, Riccardo. È il lettore che ci ha inviato più battute nel corso degli anni.

Nohain, Jean (1900-1981). Artista francese, paroliere, performer. Fratello dell'attore Claude Dauphin e figlio dello scrittore Franc-Nohain.

Notaio Raimondo. Burbero personaggio riproposto recentemente a *Zelig* dal comico Marco Marzocca (v.).

O'Brien, Conan. Ex autore del *Saturday Night Live*. Andava in onda con il suo show dopo Jay Leno (v.) fino al giugno 2009, per poi prenderne il posto al *Tonight Show*. Nei suoi talk show tutte le interviste sembravano del tutto improvvisate. È stato autore e doppiatore dei Simpsons.

Ojetti, Ugo (1871-1946). Critico e letterato toscano.

Ombri, Furio. Nato ad Antella (Firenze) "da madre incinta", è da sempre un appassionato di enigmistica e umorismo. Collabora con *La Settimana Enigmistica* e modera il forum del sito ufficiale della medesima (www.aenigmatica.it).

Ora Pro Nobis. Gruppo cabarettistico.

Oreglio, Flavio. Comico, cabarettista e musicista lombardo. In tv ha partecipato ad alcune trasmissioni, tra cui varie edizioni di *Zelig*, e su Raitre a *Glob – L'osceno del villaggio*. "Il momento è catartico" è il suo tormentone comico. Le sue raccolte di battute *All'appello mancano anche i presenti*, *Non è stato facile cadere così in basso* (tutti per Bompiani) hanno primeggiato nelle classifiche librarie di questi ultimi anni.

O'Rourke, P.J. All'anagrafe nome completo: Patrick Jake O' Rourke. Scrittore satirico e critico americano. Da anima della rivista satirica *National Lampoon* a corsivista di *Playboy* a guru su *Rolling Stone*. In Italia è stato pubblicato, tra gli altri, il libro *Mal Ton*.

Parassole, Diego. Comico, cabarettista e battutista di rango dell'area Zelig. Nato ad Alessandria. Ha ideato il personaggio del meccanico Pistolazzi, il cui slogan "Robe che fanno girare gli ammennicoli", è anche il titolo del libro che Parassole ha pubblicato per Kowalski. Scrive anche con Carlo Turati (v.) e Riccardo Piferi (v.).

Pastonesi, Marco. È un giornalista della *Gazzetta dello Sport*. Si occupa soprattutto di rugby e ciclismo. In coppia con il collega e amico Giorgio Terruzzi, cresciuto con lui alla scuola di Beppe Viola, ha pubblicato il libro di battute sullo sport *Palla lunga e pedalare,* (Baldini & Castoldi, 1992).

Penoni, Claudia. Comica e attrice brillante torinese. In televisione ha partecipato a Zelig e ad altre trasmissioni comiche. Inoltre è attrice a Disney Channel. A Zelig è ricordata soprattutto in coppia con Leonardo Manera (v.) nella parodia del "cinema polacco".

Penzo, Guido. Lettore, ci ha inviato la sua battuta diverso tempo fa. Pazienza premiata...

Petrektek e Cripstak. Sono i personaggi legati allo sketch del "cinema polacco" inventati per *Zelig* e portati in scena da Leonardo Manera (v.) con Claudia Penoni (v.).

Petrolini, Ettore (1886-1936). Attore-autore comico romano. Inventore delle macchiette Gastone, Giggi Er Bullo, Fortunello e i Salamini. Qualcuno scrisse di lui: "Ha avuto il coraggio di essere idiota".

Philips, Emo. Comedian statunitense dall'umorismo surreale, dalla voce stridula e dalla parlata lenta. In un sondaggio tra comedian indetto da *GQ Magazine*, tre delle sue battute sono risultate tra le migliori 75 di sempre, mentre in una classifica di Channel 4 sui migliori cento stand up comedian si è piazzato al 54° posto.

Piferi, Riccardo. Autore teatrale e televisivo tra i più dotati. Tra i collaboratori storici di Paolo Rossi, ha firmato molti programmi televisivi di successo. Abbiamo spesso lavorato insieme.

Piper, Monica. Brillante attrice televisiva e comica statunitense.

Porro, Viviana. Attrice e comica torinese, ha partecipato a varie trasmissioni tv tra cui *Zelig Off*. Molto divertente il suo personaggio della mamma che scopre di avere un figlio gay.

Posehn, Brian. Attore e comedian americano, numerose le sue presenze televisive.

Pound, Ezra (1885-1972). Poeta statunitense, tra i più grandi innovatori del Novecento. Fino all'ultimo sostenne pubblicamente il nazismo e il fascismo. Per questo fu arrestato dagli stessi americani dopo la guerra. Fu rilasciato dopo qualche tempo per infermità mentale. Visse a lungo in Italia, tra Rapallo, il Trentino e Venezia, dove morì. Quando nacque il suo primogenito lo chiamò Omar Shakespeare Pound e commentò: "Si noti il crescendo".

Pozzoli, Gianmarco. Insieme a Gianluca De Angelis forma una coppia ormai affermata del cabaret milanese. Pozzoli, come il suo socio, ha anche all'attivo una serie di spettacoli ideati e condotti singolarmente.

Prochnow, Herbert V. (1897-1998) Battutista statunitense.

Proust, Marcel (1871-1922). Francese. L'uomo della *Recherche*. Basta?

Pryor, Richard. Attore e cabarettista afroamericano. In Italia è divenuto celebre grazie a film come *Non guardarmi: non ti sento* al fianco di Gene Wilder. Aggressivo e provocatorio nel linguaggio, soprattutto per quanto riguarda l'autoironica messinscena sulla condizione dei neri negli States, la sua comicità ha sempre diviso il pubblico tra detrattori e fan deliranti. Il suo filone è stato ereditato, almeno nelle intenzioni, da Eddie Murphy e Chris Rock (v.).

Raco, Daniele. Monologhista, comico e battutista genovese. Ama definirsi stand up comedian. Ha partecipato a vari programmi televisivi tra cui *Zelig Off*. Nel suo sito www.danieleraco.it dice tra l'altro di essere grasso, misogino, geniale, pigro...

Razzetti, Emilio. Architetto genovese con una passione per il cabaret. I suoi monologhi hanno spesso per soggetto i liguri.

Ricciardi, Giulia. Brava comica e attrice romana. Monologhista. Ha partecipato a *Zelig Off*.

Rizzuto, Francesco. Comico e cabarettista siciliano. Il suo personaggio più noto è quello di un vigile palermitano.

Robertetti, Brunello. Poeta schivo e timido, inventato e interpretato da Corrado Guzzanti (v.). Di un'età imprecisabile, indossa un maglione grigio senza personalità e occhiali da vista neri. Guzzanti l'ha proposto in *La posta nel cuore* e l'*Ottavo nano*. Le sue composizioni erano la presa in giro di poesie famose. L'attore esordiva sempre con: "Ora diche un poesie."

Robert-Houdin, Jean Eugène (1805-1871). "Prestigiatore, orologiaio, meccanico, inventore, studioso, scienziato, uomo di lettere", è questa la scritta che compare sul piedistallo che regge la statua a grandezza naturale a lui dedicata. Si trova a Blois, sua città natale ed è collocata di fronte al teatro che aprì quando era ancora in vita. Per puro caso si avvicinò alla magia e in pochi anni diventò tra i più importanti prestigiatori del suo tempo.

Rock, Chris. Comedian, attore (*Dogma* e *Ritorno dal paradiso* – film del 2001, remake di *Giù sulla terra* del 1947), sceneggiatore e regista afroamericano, classe 1965. Ha raggiunto la notorietà grazie al *Saturday Night Live*, facendo parte del cast del programma dal 1990 al 1993, e ha poi partecipato a numerose altre trasmissioni tv tra cui *The Chris Rock Show*. Quinto miglior stand up comedian di sempre secondo la classifica di Comedy Central.

Ross, Jeffrey. Comedian, attore, regista statunitense dalla comicità trasgressiva e aggressiva. È stato ospite delle più importanti trasmissioni televisive d'America.

Rossi, Vasco. Musicista e cantante italiano, uno degli esponenti più accreditati del rock nostrano. "Siamo solo noi..."

Rossi, Yarno. Lettore, battutista per hobby, prestato dall'informatica. "Se diventassi famoso non scriverei mai la mia autobiografia finché sono in vita. Non mi piacciono le opere incompiute."

Rowan & Martin's Laugh-In. Show televisivo in onda sulla Nbc dal 1968 al 1973. Era composto da una serie di sketch e si protrasse per 140 puntate. I comici conduttori erano Dan Rowan e Richard Martin.

Rudner, Rita. Comedian e scrittrice statunitense. Pluripremiata per il suo lavoro. È stata eletta Comica dell'anno per il 2008, e attualmente lavora con un suo show al teatro dell'hotel Harrah's a Las Vegas. Ha scritto anche due romanzi di successo.

Sagan, Françoise (1935-2004). Pseudonimo di Françoise Quoirez. Scrittrice francese legata alla Nouvelle Vague. Nella sua affascinanante e tormentata vita ebbe due mariti e due compagne. Le sue opere nelle quali si racconta vanno da *Buongiorno tristezza* (scritto a diciannove anni) a *Col mio miglior ricordo* (scritto a cinquant'anni).

Salvi, Francesco. Storico comico e cabarettista legato alla scuola del Derby. Surreale e volutamente sopra le righe. Ha lavorato molto in televisione, a partire da *Drive in*. Da segnalare, tra i suoi libri, *Ho i capelli che mi vanno stretti* (Mondadori, 1992). Ha lavorato anche nel cinema. Il suo film da regista *Vogliamoci troppo bene* (1989), dimenticato, non è del tutto male…

Sarno, Alessandra. Attrice e comica pugliese.

Saronni, Gigi e Furnari, Bruno. Sono due autori che gravitano nell'area Zelig e in particolare si sono occupati dei laboratori di Bologna. Saronni ogni tanto si è anche misurato come comico (GPL, v.).

Sassoon, Vidal. *Hairstylist and hairdresser*. Cioè parrucchiere. Vive a Londra.

Scarpelli, Pablo. Argentino di Buenos Aires. Vive a Milano da qualche anno. Dopo aver frequentato diverse scuole teatrali è approdato alla comicità anche attraverso *Zelig*. Interpreta un attore da telenovela: "Non amarme..."

Schopenhauer, Arthur (1788-1860). Filosofo e pensatore tedesco. Scrisse tra l'altro *Parerga e Paralipomena* (1851). E non è una battuta...

Seneca (1 a.C.-65 d.C.). Filosofo ai tempi di Nerone. Morì con dignità ma visse pericolosamente tra filosofia e intrighi di corte.

Settimana enigmistica, La. Si tratta della rivista più famosa in Italia di giochi e altro. Vanta 1499 "tentativi di imitazione", ma resta ineguagliabile.

Severgnini, Beppe. Scrittore e giornalista italiano. Cremasco, vive prevalentemente tra la sua città e Milano. È stato l'allievo forse prediletto da Indro Montanelli. Alterna la carta stampata alla tv e alla radio. È accreditato opinionista.

Sgalambro, Manlio. Filosofo e poeta italiano contemporaneo. Ha firmato anche molte canzoni soprattutto con Franco Battiato.

Sgrilli, Sergio. Comico e musicista toscano. Ha partecipato a diverse edizioni di *Zelig*.

Shaw, George Bernard (1856-1950). Commediografo, narratore e saggista irlandese. È l'unico umorista della storia, se si esclude Dario Fo, insignito del Premio Nobel, nel 1925.

Schönberg, Arnold (1874-1951). Grande musicista pioniere della musica contemporanea. Ha inventato il sistema dodecafonico, comprendente tutte le dodici note della scala musicale cromatica. Altro che sei dita...

Silverdolphin. www.silverdolphin.it. Vivace, curioso, interessante sito italiano tenuto da Giulio, nato a Roma nel 1974. E che nella vita ha fatto il bagnino, il parà, l'esperto in informatica...

Silverman, Sarah. Incontenibile, vivacissima attrice statunitense (figlia d'arte) nata nel 1970. Si è fatta conoscere soprattutto per la sua comicità politicamente scorretta, che sfida argomenti tabù quali razzismo, sesso e religione, con qualche affondo satirico senza pietà nei confronti di personaggi pubblici. Comedy Central le ha dato la possibilità di creare uno show tutto suo: il *Sarah Silverman Show* che sta riscuotendo un enorme successo in tutto il mondo.

Simone, Sandro. Lettore che ci ha inviato la sua battuta all'indirizzo e-mail: info@ginoemichele.it.

Simpson, Homer. Personaggio della serie animata tv *The Simpsons* creata da Matt Groening. Chiamato Homer in onore del papà di Matt, ha la voce originale di Dan Castellaneta.

Smemoranda Brothers & Sisters (o SBS, che è il suo acronimo). Firmiamo così le battute scolastiche inviateci in questi anni dagli studenti fruitori dell'agenda *Smemoranda*. Le prime sono state raccolte in: *Prima della scuoiata in matematica ci sarà una tosata in fisica*, Zelig editore. Le più recenti in: *La classe è invasa dal principio di inerzia* (Kowalski, 2009) e *Prof, non posso rispondere, non ho campo!* (Kowalski, 2007).

Soriano, Giovanni. Psicologo di Vibo Valentia, si diletta a scrivere aforismi e a raccogliere battute. www.aforismario.it.

Spade, David. David Wayne Spade. Attore, comedian e intrattenitore televisivo, ha fatto parte del cast del *Saturday Night Live*. È protagonista della sit-com *Le regole dell'amore* trasmessa dalla Cbs, nella parte dell'eterno single.

Speciale, Enzo. Lavora alla *Smemoranda*, ma è stato anche tra gli animatori e i sostenitori della mitica squadra di calcio Smemoranda Comedians. Un punto di riferimento per molti di noi.

Spoto, Salvo. Cabarettista siciliano. "Disoccupato orgogliosamente catanese." Pare si autodefinisca "imitatore, cabarettista, fantasista", addirittura "barzellettiere". È approdato più volte dalle parti di Zelig, il locale di viale Monza a Milano.

Squillante, Carlo. Disegnatore e autore satirico napoletano. Classe 1941, dalla fine degli anni Sessanta vive a Milano. Comincia giovanissimo a collaborare con il *Travaso* e poi via via a tutte le maggiori testate italiane sia di svago che di informazione. Dal 1987 collabora con *Smemoranda*. È manager e direttore creativo in pubblicità.

Stewart, Jon. Comedian newyorkese, attore e conduttore televisivo. Il suo spettacolo satirico è *The Daily Show*; ha condotto due volte la cerimonia di premiazione gli Oscar (2006 e 2008).

Strange de Jim. È responsabile di una serie di volumi umoristici americani.

Stravinskij, Igor (1882-1971). Compositore russo, considerato tra i più grandi del XX secolo. È stato naturalizzato francese e in seguito statunitense. Tra le sue opere più note: *L'uccello di fuoco*, *Petrushka* e *La sagra della primavera*. "... un giorno sulla prospettiva Nevski / per caso vi incontrai Igor Stravinskij" (Franco Battiato, *Prospettiva Nevski*).

Sullivan, Frank (1892-1976). Giornalista e umorista statunitense.

Tagliento, Alessio. Cabarettista, musicista e autore milanese. Collabora con *Zelig*.

Tedeschi, Dado. Attore, comico e autore, veronese di nascita e milanese d'adozione. Ha collaborato a diverse trasmissioni televisive e lavorato in molti teatri e cabaret, tra cui Zelig.

Thomas, Dave. Attore e comedian canadese. Si esibisce molto anche negli Stati Uniti. Ha lavorato molto per il cinema.

Tognazzi, Ugo (1922-1990). Grande attore italiano. Innumerevoli i suoi film, alcuni da storia del cinema mondiale. È uno degli interpreti sommi che hanno fatto conoscere la commedia all'italiana nel mondo. Inutile citare i film migliori... sono troppi.

Totò (1898-1967). Totò è Totò. Ma dovendo scrivere qualcosa di più diciamo che per l'anagrafe era Antonio Focas Flavio Angelo Ducas Comneno De Curtis Di Bisanzio Gagliardi. Abbreviato in Antonio De Curtis. "Signori si nasce ed io lo nacqui, modestamente!" È considerato uno dei più grandi interpreti nella storia del teatro e del cinema italiano.

Treves, Fabio. Il più noto bluesman italiano. È un punto fermo della musica e della cultura del nostro Paese, soprattutto quella che ha il cuore negli anni Settanta. Treves è anche un collaboratore di *Smemoranda*. Come intrattenitore radiofonico ha una rubrica fissa a LifeGate Radio.

Trinca, Renato. Autore tv e psicologo. Lavora col gruppo di Zelig. È anche saltuariamente comico sul palco.

Turati, Carlo. Autore storico di casa a Zelig, ha collaborato a diverse trasmissioni televisive e spettacoli teatrali. Scrive per molti comici e a tempo perso insegna all'università.

Twain, Mark (1835-1910). Grande scrittore, uno dei maestri della letteratura americana (*Le avventure di Huckleberry Finn*, *Le avventure di Tom Sawyer*). Un inguaribile curioso e un sommo umorista. Purtroppo a volte una certa critica italiana lo ha letto soltanto come semplice "autore per ragazzi" anziché come fine umorista.

Vaccargiu, Massimiliano. Lettore che ci ha inviato la sua battuta a www.ginoemichele.it.

Valéry, Paul (1871-1945). Poeta, scrittore e saggista francese. Uno degli intellettuali europei più interessanti del Novecento.

Van Gogh, Vincent (1853-1890). Dai, come si fa a raccontare forse il più grande pittore degli ultimi due, tre secoli, in quattro righe?! Era olandese, traghettò la pittura dell'impressionismo all'espressionismo... Basta, non ce la facciamo. Andate ad Amsterdam a visitare il museo a lui dedicato.

Varchetta, Francesco. Battutista per hobby di Mozzate (Como).

Vasumi, Andrea. Comico e autore forlivese. Ha partecipato a diverse trasmissioni tv, tra cui *Zelig*.

Vauro. Grande disegnatore satirico toscano. Pseudonimo di Vauro Senesi. Tra le sue collaborazioni ricordiamo quelle con *Il Male, Linus, il manifesto, Cuore* e *Smemoranda*. È spesso ospite a trasmissioni tv come commentatore "grafico".

Vespa, Francesco. Battutista per hobby. Si definisce "studente in lettere, incensurato".

Vicari, Marco. Giovane battutista per hobby fiorentino.

Vidal, Gore. Pseudonimo di Eugene Luther Vidal. Classe 1925. Scrittore, sceneggiatore, drammaturgo americano. Come sceneggiatore va ricordato per almeno due film: *Improvvisamente l'estate scorsa* e *Ben Hur*, entrambi del 1959.

von Bismarck, Otto (1815-1898). Soprannominato il cancelliere di ferro, fu uomo politico dell'Impero Tedesco.

Warhol, Andy (1928-1987). Il più grande della pop art. È morto facendo credere agli americani che Leonardo da Vinci avesse imitato il suo *Cenacolo*.

West, Mae (1893-1980). Nome d'arte di Mary Jane West. Attrice-bomba americana, già nota come star del musical. Primo vero sex symbol del cinema. Fu la sceneggiatrice delle sue interpretazioni e volle sempre sceglièrsi i partner, cosa che sarebbe stata raramente concessa a un'altra attrice. Dotata di una piccante ironia e di curve sinuose e abbondanti che esibiva in pose languide e provocanti, fu maestra del doppio senso. Raggiunse il successo cinematografico dopo i quarant'anni scandalizzando l'America perbenista e puritana del suo tempo.

White, Basil. Nato nel 1968 a Memphis, nel Tennessee, è il creatore di una strip comica online che si chiama *Standup Comics*. La comicità della strip è tutta delegata ai testi poiché l'unico soggetto rappresentato nelle vignette è, presumibilmente, lo stesso Basil White che non muta mai né posizione, né espressione facciale.

White, Grace. Autoproclamatasi "quella vecchia pupa hippie", è una comedian nata – a detta sua – cento anni fa a Colfax, California.

Wilde, Oscar (1854-1900). Grande scrittore e controverso intellettuale inglese, pagò a caro prezzo il suo anticonformismo, soprattutto nei costumi sessuali. Una Gran Bretagna bigotta e perbenista lo condannò inesorabilmente, negandogli la libertà, e procurandogli indirettamente la morte. Oscar Wilde ha scritto dei capolavori letterari, ma è anche passato ai posteri come il più grande aforista contemporaneo. Ora, scrivendo la sua mini biografia viene in mente proprio un suo aforisma in tema: "Oggi, ogni grand'uomo ha i suoi discepoli, ed è sempre Giuda quello che gli scrive la biografia".

Williams, Robin. Robin McLaurin Williams. Nato a Chicago nel 1951. Attore, comedian e doppiatore. Ha interpretato alcuni tra i più interessanti film di questi ultimi trent'anni. Basti per tutti *L'attimo fuggente*. Ma è stato anche *Mork* in tv.

Wright, Steven. Nato a Cambridge, Massachusetts, nel 1955. Attore, scrittore, comedian statunitense. Parla per *one-liners* (fulminanti frasi slegate) camminando avanti e indietro per la scena. A suo modo geniale. Ha vinto un Oscar per il suo corto *The Appointments of Dennis Jennings*. Era la voce originale del dj nel film *Le iene*. Ha al suo attivo diverse partecipazioni tv e una ventina di pellicole, tra cui *The Aristocrats* (v.).

Yakko, da *Animaniacs*. Il personaggio di *Animaniacs* che si ispira a Groucho Marx (v.) e a Bugs Bunny. *Animaniacs* è una serie di animazione americana prodotta da Steven Spielberg per la televisione. Yakko conosce tutti i nomi delle nazioni di sempre e sa esprimersi fluentemente anche in giapponese.

Youngman, Henny (1906-1998). Storico comedian e battutista statunitense, nato in Inghilterra. Famoso per i suoi *one-liners* e il suo violino, che portava sempre con sé e che per fortuna suonava raramente. Numerose le sue apparizioni televisive, per esempio al *Rowan and Martin's Laugh-In* (v.). Da ricordare anche alcuni suoi camei in film quali *La pazza storia del mondo, parte 1* di Mel Brooks e *Quei bravi ragazzi* di Martin Scorsese.

Zappa, Frank (1940-1993). È stato un grande musicista, chitarrista, cantante e attore. Si tratta di uno dei geni più trasgressivi, ironici e provocatori che la musica di sempre ci abbia saputo regalare.

Zeppo & Groucho Marx, (v.) Marx, Groucho. Il film da cui è tratta la battuta, in italiano s'intitola *Horse Feathers – I fratelli Marx al college*. Oppure anche: *Piume di cavallo*. È del 1932 e la regia è di Norman Z. McLeod.

Zilio, Mirco. Battutista per hobby di Dolo, Venezia.

INDICE DEGLI AUTORI E DELLE BATTUTE

Grazie, come sempre, a tutti coloro che hanno reso possibile questo libro.

I comici, innanzi tutto, quelli nostrani e quelli d'Oltreoceano. I "collezionisti" che ci hanno segnalato le loro scoperte e quelli che anche inconsapevolmente ci hanno aiutato ad arricchire le nostra ormai infinita raccolta. I lettori che ci hanno proposto le loro battute, rivelando un'Italia piena di comedians talentuosi e purtroppo inespressi.

Grazie infine alla Redazione, a Gaia Margutti, a Elena De Luca, a Sara Carissimi.

Chiunque volesse inviare proprie battute o segnalarne di altri autori, così da essere presente in un'eventuale prossima edizione delle *Cicale*, può farlo mandando il materiale a questo indirizzo:

Gino & Michele
viale Ortles 52/54 – 20139 Milano

oppure via e-mail a:

info@ginoemichele.it
info@kowalskieditore.it

Varia Kowalski

Jonny Groove, *Essiamonoi (o no?)*
Smemoranda, *La classe è invasa dal principio d'inerzia*
Matteo De Benedittis, *Cantami o dj...*
Francesca Valla, *Cara Francesca...*
Alberto Pellai, *Questa casa non è un albergo!*
Antonia Quirke, *I miei amori in prima fila*
Don Pasta, *Wine sound system*
Michele Trasi, Andrea Zabiello, *Guerrilla gardening*
Giovanni Filocamo, *Mai più paura della matematica. Come far pace con numeri e formule*
Steve Turner, *Johnny Cash. La vita, l'amore e la fede di una leggenda americana*
India Knight, *Pazza per lo shopping*
Gaber, Giorgio, il Signor G, a cura di Andrea Pedrinelli
Shandon Fowler, *Lo sposo – Manuale d'istruzioni*
Renata Scola, Francesca Valla, *S.o.s. Tata. Tutti i consigli, le regole e le ricette delle Tate per crescere ed educare bambini consapevoli e felici*
Peter Fruit, *Su e giù con Amy Winehouse*

Giuseppe Giacobazzi, *Una vita da paura*
Luca Evangelisti, *Mai più paura di volare*
Brett Kuhn e Joe Borgenicht, *Primi passi – Manuale d'istruzioni*
AA.VV., *Questione di peeling. Riflessioni a caldo di un gorilla di mondo*
David Brun-Lambert, *Nina Simone. Una vita*
Altman racconta Altman, a cura di David Thompson
Rudolph Herzog, *Heil Hitler: il maiale è morto. Ridere sotto Hitler: satira e comicità nel Terzo Reich*
Peter Shapiro, *You should be dancing*
Gino & Michele, Matteo Molinari, *Visto che non posso avere la maggioranza... Le Cicale 2008*
Cristiano Militello, *Giulietta è 'na zoccola... calci di rigore*
Smemoranda Brothers & Sisters, *Prof, non posso rispondere, non ho campo!*
Ma libera veramente. Trent'anni di Radio Popolare, a cura di Danilo De Biasio
Charles Cross, *La stanza degli specchi. Jimi Hendrix: la vita, i sogni, gli incubi*
Louis e Joe Borgenicht, *Il bebè – Manuale d'istruzioni*
Furio Zara, *Bidoni*
Michelle Baker e Stephen Troiano, *Gaiezze*
50 Cent, *C'era una volta nel Queens*
AA.VV., *Occupato! Leggere sul trono del sapere*
AA.VV., *Ridere fa bene!*
Barry Miles, *Frank Zappa*
Don Pasta Selecter, *Food Sound System*
Gino & Michele, Matteo Molinari, *Le Cicale 2006*

Gino & Michele e Matteo Molinari raccolgono una selezione delle migliori battute italiane e straniere del biennio 2007-2008, di autori celebri ed esordienti, anche grazie all'apporto di numerosi lettori che ormai da anni "interagiscono" con il loro libro cult.